MW01634234

Le roman policier

QUE SAIS-JE ?

Le roman policier

ANDRÉ VANONCINI

DU MÊME AUTEUR

Figures de la modernité. Essai d'épistémologie sur l'invention du discours balzacien, José Corti, 1984.
Analyses textuelles. Etudes d'œuvres littéraires du XVIe au XVIIIe siècles, Max Niemeyer, 1988.
Simenon et l'affaire Maigret, Honoré Champion, 1990.

ISBN 2 13 045856 4

Dépôt légal — 1re édition : 1993, novembre

© Presses Universitaires de France, 1993
108, boulevard Saint-Germain, 75006 Paris

INTRODUCTION

Le roman policier existe depuis plus de cent cinquante ans. Il a connu un développement impressionnant. Empruntant d'abord à des genres romanesques établis, il devient ensuite une catégorie autonome aux règles de fonctionnement très typées, puis finit par multiplier les formes nouvelles, jusqu'au point d'exporter ses procédés dans le champ global du discours narratif contemporain. Il est sans doute l'expression littéraire la plus poignante de ce qu'on a appelé la modernité, comparable en un sens au jazz et au cinéma, deux arts avec lesquels il a toujours entretenu d'étroits liens de sympathie. Comme eux, il est un produit populaire par son origine et par son mode de diffusion et, comme eux, il sait concilier l'emploi du stéréotype avec la créativité innovatrice.

Cette performance lui a valu l'intérêt massif de lecteurs appartenant aux milieux sociaux et culturels les plus divers. Elle a tardé, cependant, à éveiller l'attention de la critique, fixée pendant longtemps sur une esthétique de la complexité formelle au sein d'une recherche d'avant-garde. C'est au début des années 1970 seulement que le roman policier commence à faire l'objet de pratiques de réception institutionnalisées au niveau universitaire.

Depuis, des travaux de toutes sortes, de l'essai jusqu'au dictionnaire et à la bibliographie, des entreprises de réédition et de retraduction, ainsi que la mise en place de centres de documentation, rendent les œuvres bien plus accessibles et lisibles qu'autrefois. Les matériaux offerts à la curiosité de l'historiographe du genre sont désormais si abondants qu'il ne peut qu'adopter une position strictement sélective. Le corpus textuel surtout est énorme, puisqu'il se compose de dizaines de milliers de titres, écrits majoritairement en anglais, anglo-américain et français jusqu'à la deuxième guerre mondiale, puis progressivement revendiqués par des langues supplémentaires, comme l'italien, l'espagnol, l'allemand ou le suédois.

Quant aux choix qu'il a fallu opérer pour les besoins de la présente étude, ils répondent à deux critères complémentaires. D'un côté, ont été retenus les pionniers du genre, puis les écrivains illustrant les branches majeures, enfin quelques représentants de ramifications originales. Les auteurs d'œuvres polycentriques, souvent d'excellente qualité, font les frais de cette conception, sans parler des autres laissés-pour-compte que des considérations purement quantitatives ont relégués ici dans un injuste oubli. De l'autre côté, la préférence a été donnée à des textes exemplaires qui permettent de percevoir efficacement l'arrangement spécifique d'un ensemble de figures narratives et thématiques. Les références à ces romans sont toujours données en français, à ceci près que le titre de la version originale s'ajoute s'il diffère sensiblement de celui de l'édition française.

Enfin, la méthode d'analyse adoptée pour ce travail s'appuie au même titre sur la considération de forme et sur celle du contenu. Le commentaire s'ordonne, sauf dans le premier chapitre, le long d'un axe chronologique, des origines jusqu'à la période contemporaine.

Chapitre I

LES LIGNES DE FORCE DU ROMAN POLICIER

I. — Texte et contexte

Au début du XIXe siècle, la société issue des bouleversements révolutionnaires apparaît comme un phénomène opaque. C'est à la littérature, et en particulier à la fiction romanesque, de fournir des instruments qui permettent d'en améliorer la connaissance. Le roman gothique d'invention anglaise propose une première tentative pour appréhender le secret de la civilisation moderne. Il dévoile, sous les apparences de la normalité, la mise en œuvre d'une criminalité perverse que seule la quête douloureuse du héros promet de sanctionner. De manière plus générale, de nombreux romans post-romantiques révèlent les ressorts cachés de l'histoire contemporaine au moyen d'une intrigue placée sur fond d'agissements criminels. Le conflit entre illégalité et justice est diversement mis en scène par Balzac dans *Le père Goriot* ou *Une ténébreuse affaire,* par Sue dans *Les mystères de Paris,* Dumas dans *Les Mohicans de Paris,* Hugo dans *Les misérables,* Dickens dans *Oliver Twist.*

Toutes ces œuvres, quelles que soient leurs options idéologiques, témoignent des inquiétudes que la société urbaine du XIXe siècle éprouve quant à son identité et à son fonctionnement. Fascinée d'un côté par sa puissance d'organisation collective, elle doute, de l'autre, de sa capacité à intégrer et contrôler l'ensemble de ses rouages. De cette hésitation témoigne aussi son attitude face à la mort, différente selon qu'elle relève d'un comportement pratique ou d'un processus imaginaire.

A en croire les historiens des mentalités, la mort au XIXe siècle, jadis prise en compte par un rituel public, glisse progressivement dans la sphère de l'intimité familiale, avant de se dissoudre dans l'anonymat de la prise en charge médicale. D'après cette hypothèse, l'homme moderne refoule de sa conscience culturelle le sentiment de la finitude. Il ne voit plus dans sa vie l'inscription d'une destinée, mais la possibilité de coordonner efficacement une série de paramètres économiques et biologiques. Il cherche, en conséquence, à appréhender la mort comme un dysfonctionnement au sein d'un réseau complexe de déterminismes.

La littérature romanesque, cependant, réagit à ce refoulement en faisant de la mort un enjeu majeur de la carrière des personnages. Du Romantisme jusqu'au milieu du XXe siècle, les œuvres sont nombreuses qui s'achèvent par l'agonie de l'héroïne ou du protagoniste. Dans la plupart de ces cas, la mort vient anéantir un projet existentiel tendu vers un idéal sentimental, idéologique ou matériel. Niée dans sa profondeur mythique par un traitement technocratique, elle resurgit ainsi au sein d'un univers imaginaire pour affirmer son triomphe final sur les conceptions pragmatiques et volontaristes.

Or, c'est justement la fonction historique du roman policier de dépouiller la mort de son dernier reste de transcendance puisqu'il la réduit à l'instrument d'un assassin. Celui-ci, en abrégeant la vie de sa victime, s'empare d'une compétence que les citoyens de l'Etat moderne ont précisément voulu confier à un appareil gestionnaire. Le meurtre planifié représente un détournement à des fins personnelles d'un mécanisme de régulation institutionnalisé et donc intériorisé par le collectif social. L'assassin usurpe par un acte de violence calculée la place laissée vacante par Dieu. Il occupe d'emblée une position idéale que les héros du roman conventionnel voient resplendir comme un mirage inatteignable, avant que leur quête ne se solde par l'échec ou la mort. Pour la première fois peut-être dans l'histoire du récit, l'intérêt romanesque ne colle plus au destin d'un héros lancé à la quête d'un bonheur incertain. Dans le roman policier, la fascination s'installe d'un seul coup parce que le lecteur bute sur un cadavre dont il sait que le criminel a fait le pion d'une stratégie cynique. Ce lecteur ne demande plus alors au premier chef à s'identifier avec un protagoniste pour s'associer au déroulement d'une aventure jusqu'à son issue souvent fatale. Il souhaite, après en avoir reniflé l'odeur de soufre, que la rupture du contrat social soit réparée par le triomphe de la vérité et, si possible, de la justice. La question n'est plus ici « où va le héros ? », mais « comment le désordre fera-t-il place à l'ordre ? ».

Un tel problème ne peut être maîtrisé par la police, censée empêcher les pratiques délinquantes avant ou pendant leur mise en œuvre. Face au crime anonyme, commis dans le secret et avec préméditation, les gendarmes s'avèrent impuissants. Quant à la Sûreté, fidèle à l'exemple de Vidocq, elle excelle à traquer ceux qu'elle présume coupables d'emblée, sans se livrer à un travail préalable d'analyse déductive. Il reste le détective-enquêteur. Lui seul connaît suffisamment le labyrinthe de la modernité pour remonter du crime à son auteur. Lui seul possède une capacité identique à celle de l'assassin, avec l'avantage en plus que le récit doit lui accorder la victoire finale.

Pourtant, au défi lancé par le meurtrier le détective ne peut pas réagir par une mesure équivalente en brutalité. L'inertie du cadavre lui apparaît d'abord comme le figement de l'histoire du crime dans le silence. Il doit donc faire parler les témoins indirects que sont les objets indiciels de son environnement et les énoncés symptomatiques de ses interlocuteurs.

Dès lors, le monde qu'il découvre ne devrait s'offrir que sous les aspects strictement pertinents à l'enquête. Le récit policier, malgré le coup de maître précoce de Poe, ne se conforme pas spontanément à la règle. De Gaboriau à Leroux, en passant par Doyle, il met du temps à se purger du psychodrame et de la fresque descriptive qu'il a hérités du roman-feuilleton. Il faut attendre le groupe d'auteurs conduits par Agatha Christie pour que le sens du texte policier soit exclusivement régi par un tissu de relations internes. Le genre atteint à ce moment son organisation sémantique la plus précise, mais aussi son statut pragmatique le plus paradoxal. Issu directement du questionnement que la société industrielle adresse à son propre mode d'existence, il s'interdit pourtant de référer au fonctionnement réel de cette société. Comme il fait de la moindre composante la pièce d'une mécanique déductive, il dénie à la production narrative sa faculté représentationnelle. Factice de part en part, il invite le lecteur à filtrer son expérience vécue à travers un espace de simulation, à l'instar du célèbre passager de Benjamin qui atténue ainsi son angoisse pendant le voyage en train.

Le ronron de cette mécanique trop infaillible ne pouvait cependant assourdir le bruit et la fureur authentiques de la grande ville. Le crime, en fait, ne s'est jamais réduit à un mystère qui attend de se résorber complètement par sa seule explication logique. Il relève, au contraire, d'un comportement humain fort compréhensible en ce sens qu'il exacerbe les figures d'aliénation propres à la société moderne dans sa totalité.

Pour les auteurs qui adoptent ce point de vue, le roman policier ne doit plus opposer deux rôles, le stratège de la dissimulation et le champion de l'élucidation, mais juxtaposer deux incarnations pareillement représentatives d'un monde négatif, le gangster et le privé. L'un obtient argent et pouvoir en exploitant à fond le système gangrené, l'autre les voit lui échapper parce qu'il s'obstine à défendre sa morale personnelle. Chez Hammett, Chandler et Malet le jeu de l'enquête ne s'en trouve pas évacué pour autant : il est relativisé par la puissance référentielle du texte. Alors que le « roman-problème » classique a pour principale visée l'identification du coupable, le *hard-boiled* ou « noir » s'intéresse aussi aux circonstances sociales et psychologiques qui engendrent le crime. Ce qui signifie que l'énigme ponctuelle provoquée par le meurtre sous-entend une problématique plus générale, un état de dégradation de la société que l'enquête a pour tâche de mettre au jour.

Les éléments porteurs du roman policier s'en trouvent altérés. Si la seule désignation du coupable ne suffit plus à assurer le succès de la démarche investigatrice, c'est la conception de celle-ci et, par ricochet, la motivation du détective qui sont remis en question. Il est vrai que, plus on avance dans l'histoire du genre, plus on rencontre des enquêteurs qui doutent du bien-fondé de leur action. Le cynisme de Marlowe ou le scepticisme de Maigret face au bilan de leur travail aboutissent à la crise d'identité chez Cadin.

Chandler avait félicité son confrère Hammett de rudoyer le roman-problème, à l'instar d'un vase vénitien lancé dans le ruisseau. Le vase s'est brisé, en effet, et personne n'est venu en recoller les morceaux. Les dieux de la déduction se sont mués en identificateurs dépassés par leur mission, alors que leurs antagonistes ont vu leur science du mal se transformer en maladie généralisée du corps social. Et il n'y a rien d'étonnant, après tout, à ce que le roman policier, à l'heure actuelle, ne fournisse plus qu'une solution très incomplète à la situation critique qu'il se donne pour univers de référence. Dans certains cas, il se plaît même à exposer les défaillances de sa compétence narrative par un savant exercice d'archéologie intertextuelle, une sorte de rappel ironique des triomphes lointains du récit déductif.

II. — Structures

Il paraît difficile de décrire les formes élémentaires d'un genre qui suscite des divergences rien que par les noms choisis pour le désigner. Parmi les étiquettes courantes — roman criminel, roman de détection, roman policier — la dernière est la plus fréquente dans le domaine francophone. Aussi servira-t-elle d'unité de référence à tous les textes fictionnels mentionnés ci-après.

Quant aux traits distinctifs de cette production si variée, ils ne peuvent se réduire à un schéma unique et globalement pertinent. Les ramifications, transplantations et greffes intervenues au cours de la longue histoire du genre empêchent de lui reconnaître une base structurelle permanente. Il semble donc prudent de le caractériser par un procédé d'analyse souple, opérant par cercles concentriques : au centre de cette figure s'inscrivent les fonctions et mécanismes les plus massivement présents dans les romans policiers de toutes les époques. Sur les anneaux médians apparaissent les éléments susceptibles de déterminer une tendance spécifique du genre. Enfin, dans les marges sont retenus des thèmes propres à inscrire dans le cadre policier des textes que leur construction fait appartenir en même temps à des domaines bien différents de la littérature narrative.

La très grande majorité des textes policiers s'organisent le long d'un axe central de l'élucidation sur lequel avance un enquêteur, depuis le mystère initial, rattaché le plus souvent à la victime d'un meurtre, jusqu'à sa résolution, consistant le plus souvent dans l'identification de l'assassin. Une telle formule permet une première délimitation globale du genre par rapport à ses concurrents anciens et modernes, en particulier le roman de terreur, d'aventures et d'espionnage ainsi que le *thriller* pur. S'il existe néanmoins des « policiers » qui divergent de la formule dominante, c'est qu'ils en altèrent les éléments fondateurs (Patricia Highsmith ou J.-P. Manchette) ou en mélangent certains ingrédients aux composantes des genres voisins (M. Leblanc ou J. H. Chase).

Le meurtre est le crime le plus fréquemment commis dans le roman policier, loin devant le braquage, l'enlèvement ou d'autres transgressions de la loi. Il constitue l'amorce indispensable d'un processus de détection divisé en plusieurs étapes. L'enquêteur, face à l'énigme du cadavre muet, commence d'abord un travail d'observation et d'interrogation. Il enregistre tous les aspects du lieu du crime, du comportement des suspects ainsi que de leurs réactions verbales à ses premières questions. Sur la base de ces données, il élabore une hypothèse de travail qui lui permet de conduire les interrogatoires vers un but de plus en plus précis. Afin de distinguer les impasses des filons prometteurs, l'enquêteur intercale des phases de consultation, en discutant soit avec un collaborateur, soit avec lui-même.

Tout au long de ce développement, il est appelé, autant que le lecteur, à saisir les clés et à déjouer les leurres. Une fois le coupable poussé dans ses retranchements, il arrive que celui-ci réagisse par la violence ou la fuite. L'enquêteur est alors contraint de procéder à une poursuite. Si tel n'est pas le cas, il passe directement à la conclusion : en exposant les mobiles et le déroulement du crime, il oblige l'assassin à se démasquer et à admettre sa culpabilité.

La mise en œuvre de l'enquête suit une ligne chronologique progressant vers la résolution finale. Les faits et événements qu'elle rapporte, analyse et rétablit se situent souvent, en revanche, dans un passé antérieur à la phase de l'investigation. Mieux l'enquêteur parvient à dégager une série de causes et d'effets sous le mystère initial, plus il pénètre dans des couches temporelles éloignées du présent de la détection. La tâche du récit de l'enquête est de faire émerger au fur et à mesure le récit du crime, par le biais de la mention d'indices, de propos de personnages interrogés et de déductions de l'investigateur.

C'est pourquoi la canalisation, le dosage et l'économie de l'information sont essentiels au roman policier. Les écrivains peuvent choisir entre plusieurs positions narratives qui garantissent un accroissement contrôlé de la connaissance : un témoin observe le détective de l'intérieur ou de l'extérieur de la scène et présente un compte rendu à la première (Doyle) ou à la troisième personne (certains romans de Hammet). Un narrateur raconte à la troisième personne le déroulement d'une enquête en adoptant la perception du détective (Agatha Christie), cette position pouvant s'enrichir d'une dimension introspective (Simenon). Enfin, le narrateur-héros retrace sa propre démarche de détection à la première personne et en restreignant son point de vue (Chandler).

Quant à la valeur propre de l'information fournie dans un roman policier, elle est largement surdéterminée par la finalité de l'enquête. La lecture d'un tel texte, constamment tendue vers la révélation ultime, est attentive à la charge indicielle du moindre détail. Elle n'y cherche donc pas au premier chef la représentation vraisemblable d'un état moyen du monde, mais la construction rigoureuse d'une quête de la vérité extraordinaire. Dans cette perspective, la totalité des éléments constitutifs du texte s'avèrent porteurs d'un message strictement fonctionnalisé, qu'il soit favorable ou défavorable à la résolution de l'énigme.

La réglementation de l'univers sémantique du récit policier atteint son apogée dans une période comprise entre C. Doyle et Agatha Christie. Le triomphe du roman-problème tient en grande partie à ce qu'il réduit tous les rôles et thèmes aux besoins d'une mécanique répétitive. A commencer par la figure de l'enquêteur que ses caractéristiques sociales et comportementales prédestinent à l'exercice exclusif de ses facultés déductives. Il s'agit, en effet, d'un personnage excentrique, rétif à la vie du citoyen ordinaire, et par conséquent suffisamment indépendant pour s'absorber complètement dans les méandres d'une affaire criminelle. Face à lui se profile le fantôme du meurtrier, noyé d'abord parmi des suspects de la même catégorie sociale et, parfois, de la même sphère familiale. Sa fonction est d'opposer une stratégie de brouillage à la logique du dévoilement de son antagoniste. Alors qu'aucun lien d'interdépendance n'attache ces deux figures, le meurtrier, de même que les autres suspects, partagent avec la victime des intérêts et des affections communes. Le cadavre signale l'existence au sein d'un groupe restreint d'un réseau de relations sous-jacentes que l'enquête devra mettre au jour. Enfin, le roman-problème se déroule de préférence dans un lieu circonscrit. Cette fixation permet d'immobiliser les acteurs et de réduire la matière référentielle à traiter. Les espaces et objets finalement retenus servent à rendre praticable la *murder-party.* Dans sa forme pure, ce récit demande à être perçu comme un jeu dont les mécanismes participent du puzzle, des échecs et du poker. Il arrive d'ailleurs que le mode de publication exploite cet aspect ludique en soumettant au lecteur une enquête et une révélation typographiquement ou spatialement différenciées.

Aux formes figées du roman-problème s'oppose la structure plus perméable et plus dynamique du roman noir. Il est significatif que, dans cette dernière catégorie, le meurtre ne serve pas de déclenchement obligatoire aux opérations du détective. La première étape consiste ici fréquemment à investir le héros d'une mission, qui peut lui être confié par une autorité supérieure ou par des clients payants. C'est alors seulement que le meurtre intervient brutalement, déstabilisant la procédure entamée par le détective, au point de le mettre dans une situation embarrassante, voire dangereuse. La recherche de l'assassin est désormais lancée. Celui-ci, parfois assisté de complices, sabote activement les progrès de l'enquête. Il n'hésite pas à commettre de nouveaux assassinats dans le but de se couvrir. Dans certains cas, il engage le combat physique avec son antagoniste, ses agressions pouvant aller du tabassage à la séquestration en passant par la torture et la fusillade.

L'acte criminel, systématiquement éludé dans le roman-problème, devient ici susceptible de représentation. Le coupable, en conséquence, a tendance à se démasquer ; de suspect anonyme il se mue en malfaiteur agissant. L'enquête, dans sa phase finale, n'a plus besoin de l'identifier, mais de le mettre hors d'état de nuire. C'est pourquoi, dès son début, elle ne se borne pas à reconstruire une affaire enracinée dans le passé, mais accompagne le crime dans son déroulement présent et en fait même dépendre son avenir. L'intérêt du lecteur ne porte que secondairement sur un problème logique à résoudre. Il s'attache principalement à la tension dramatique et aux enjeux psychologiques ou sociaux d'une aventure.

Le roman noir renoue donc, dans une certaine mesure, avec les modes d'écriture traditionnels de la littérature fictionnelle. En témoigne son développement narratif qui ne s'oriente pas en ligne continue vers une révélation terminale mais admet des variations rythmiques, l'enchaînement d'épisodes relativement clos et, surtout, l'insertion d'unités descriptives.

Quant à son protagoniste, il est un authentique héros et non pas une fonction cérébrale. Détective privé, inspecteur de police, agent spécial ou même reporter, son combat l'engage existentiellement, au point de demander l'adhésion émotive du lecteur. Cet enquêteur travaille sur la base d'un contrat fragile qui le lie à ses mandataires privés ou institutionnels. Comme les deux instances se révèlent peu fiables, il a tendance à s'en détourner et à se frayer sa voie en toute indépendance. Au cours de cette quête solitaire, il rencontre le danger et la violence, mais aussi l'amour et le sexe. Le langage ne lui sert pas à formuler une rationalité inquisitrice mais à affronter des interlocuteurs et des situations constamment changeants. Sa position de déraciné lui permet de comprendre la gamme entière des sociolectes et, à l'occasion, de s'en servir. L'ouverture du roman noir aux registres de l'oralité et, plus généralement, à tout un style de la sobriété et de l'immédiateté, prend ici son origine.

Une telle conception est contraire au rétrécissement spatial et au minimalisme descriptif du roman-problème. Le détective-aventurier a besoin d'évoluer dans un environnement topographiquement et sociologiquement diversifié. Son enquête devient ainsi un témoignage sur la spécificité d'une communauté humaine, d'un espace urbain, d'un processus économique ou politique. La préférence longtemps accordée par les auteurs au cadre étriqué de la bourgeoisie anglo-saxonne fait ici place à des choix scéniques bien plus variés. Au bout du compte, toutes les régions et toutes les populations du monde peuvent servir de matériaux à un roman noir. Dès lors, l'investigation dans ces récits, à part l'élucidation d'un crime, fournit presque toujours au lecteur un supplément de connaissances à travers une vision inédite et, souvent, un discours dénonciateur de la réalité.

Une fois devenu instrument d'analyse critique, le roman policier accueille de nombreuses expériences de type formel et thématique. Tel est le cas du récit à suspense dont le principal effort vise à réorganiser la fonction de détection. En supprimant ou en altérant radicalement le rôle de l'enquêteur, il se donne la possibilité d'approfondir une problématique psychologique propre à la victime, voire au meurtrier. Ces nouveaux protagonistes sont observés dans leur lutte contre la pression grandissante d'une menace, de sorte que la lecture suit étroitement une courbe de tension ascendante qui vient finalement se briser dans une conclusion dramatique.

« Problème », « noir », « suspense » : ces trois spécifications ne se confondent pas avec des tiroirs où ranger l'énorme production de romans appelés « policiers ». Elles désignent des formes idéal-typiques qui ont plus ou moins coïncidé avec une phase historique du genre. Ces formes n'ont cessé d'évoluer et de s'imbriquer les unes dans les autres. Surtout, elles n'ont pas empêché l'émergence de textes qui les ignorent, mais constituent néanmoins des œuvres clés de la littérature policière.

III. — Omniprésence

Depuis son origine, le roman policier dépend des modes de production et de consommation de la littérature à grands tirages. Paru d'abord dans les pages de journaux populaires, massivement diffusé ensuite dans les magazines, il appartient aujourd'hui aux collections spécifiques du livre de poche et occupe de multiples créneaux dans le domaine de la création audiovisuelle.

Incompatible avec une théorie essentialiste de l'art poétique, il cherche à s'affirmer à travers son potentiel de reproduction. A commencer par des conditions de fabrication et de diffusion qui lui demandent de se comporter en objet maniable à tous les points de vue. Ainsi doit-il contenir une histoire complète et close sur elle-même qui n'exige ni une connaissance de faits préalables, ni un intérêt dépassant le point de conclusion, contrairement au principe de continuité sérielle du feuilleton mélodramatique. Il est contraint par ailleurs de s'appuyer sur un schéma à fonctions fixes, sa seule originalité se bornant souvent à en varier la combinaison. Au lecteur il offre une expérience prévisible dans son déroulement et dans sa durée, une tranche de divertissement, de suspense ou d'instruction bien calculée. Cette certitude de renouer avec un scénario ritualisé est encore accrue quand la figure du détective reste identique à travers une succession d'aventures.

S'il est guetté par l'usure rapide, le roman policier n'en possède pas moins les ressources de se transmuer et de susciter d'incessantes vagues de popularité. A chacune des étapes d'une histoire déjà longue, il parvient à générer des œuvres monumentales d'allure proprement épique. Cette capacité de renouvellement intrinsèque est doublée de sa faculté de transposition dans d'autres médias. Une bonne partie du cinéma américain et français, depuis les années 1920, est issue de la littérature policière. Pratiquement tous les grands metteurs en scène en ont adapté un échantillon. Quant à la télévision, on sait la place stratégique qu'elle accorde aux séries policières.

La prolifération du genre ne s'explique pourtant pas par des raisons simplement quantitatives. Elle est due en fait aux forces profondes qui travaillent la totalité de la littérature fictionnelle. Le roman policier met à nu les structures de base du texte narratif tout en leur assignant un rendement maximal sur le plan référentiel et pragmatique. Il réussit, sur fond d'une intrigue hautement mécanisée, à faire ressortir la puissance originaire du temps et de l'espace représentés. C'est pourquoi, pendant longtemps, il a pu renvoyer dos à dos le dogme de la transparence réaliste et celui de la complexité formelle. Les partisans des deux camps, pourtant opposés, le lui ont d'ailleurs bien rendu en s'unissant pour lui dénier toute dignité littéraire. Cette réprobation a été soutenue le plus obstinément par une partie de la critique. Les créateurs, quant à eux, ont commencé dès avant la deuxième guerre mondiale a échanger et amalgamer les procédés du roman policier avec ceux de la littérature dite « noble ». Les textes de Chandler ou ceux de Simenon, par exemple, témoignent d'une compétence stylistique qui leur vaut rapidement l'admiration de littérateurs reconnus. Inversement, plusieurs écrivains non spécialistes du roman policier, comme Borgès, Dürrenmatt ou Robbe-Grillet, y font une excursion pour y mettre à l'épreuve leurs thèses esthétiques, psychologiques et morales. Et, plus récemment, des auteurs comme P. Modiano ou P. Auster font supporter aux fondements apparemment rassurants du roman policier le drame du monde devenu irracontable.

Chapitre II

LES PÈRES FONDATEURS

1. **Edgar Allan Poe.** — Auteur d'essais critiques, de poèmes et de nouvelles diverses, Poe a aussi écrit plusieurs récits de détection : *Le double assassinat dans la rue Morgue* (1841), *La lettre volée* (1842), *Le mystère de Marie Roget* (1842-1843), *Le scarabée d'or* (1843). *Le double assassinat* passe pour le prototype du récit policier. Sa notoriété est justifiée puisqu'il s'empare des tensions majeures qui travaillent la civilisation moderne et les inscrit dans un modèle de fiction inédit.

Poe présente d'abord un prologue où il évoque certaines clefs ouvrant sur la connaissance et la domination du monde. La pensée purement logique apparaît moins importante ici que la faculté d'analyse qui suppose des dons d'intuition, de remémoration, d'observation, de déduction et d'imagination.

Or, qui possède ces qualités si ce n'est l'écrivain de la modernité, le déchiffreur de symptômes, célébré par Balzac puis Baudelaire ? Aussi Poe introduit-il, après les pages d'ouverture, le chevalier Dupin comme son double fictionnel : un aristocrate appauvri que le narrateur rencontre dans une librairie parisienne. Les deux hommes s'installent dans une maison hantée, dont ils ferment les volets à la première lueur du jour, et qu'ils quittent une fois la nuit venue pour se livrer à de longues flâneries. Ils entrent donc dans une ambiance particulière où le mystère et le surnaturel se mêlent à l'existence uniformisée dans une grande ville. C'est précisément sur cette base que Dupin fournit la démonstration de son génie analytique. Dans un premier temps, il se borne à un petit exercice de virtuosité, comme plus tard Holmes face à Watson, dans les premières pages d'*Une étude en rouge.* Il observe son compagnon et énonce ensuite les pensées secrètes de celuici. Le visage humain, comme les façades des immeubles parisiens, n'est impénétrable qu'en apparence : si on capte et interprète les faibles indices de leur surface, on s'introduit aussitôt dans leurs profondeurs cachées. Telle sera la démarche de Dupin pour élucider le crime de la rue Morgue.

L'irruption du mystère dans la vie normale est cette fois d'une violence inouïe. L'existence paisiblement bourgeoise d'une mère et de sa fille prend fin dans un atroce carnage. La première, la tête tranchée et à moitié écrasée, est retrouvée dans une cour intérieure quatre étages au-dessous de son appartement ; la seconde a été étranglée puis fourrée dans le tuyau d'une cheminée.

Les corps inertes recèlent pourtant la matière vivante de deux histoires : l'une, achevée, d'un drame sanglant, l'autre, à venir, d'une enquête sur ce drame. Cette structure inversée du récit de détection (v. chap. I) s'accompagne de toute une série de caractéristiques formelles et thématiques. Ainsi, la figure de l'enquêteur ne se recrute pas, à l'origine du moins, parmi les protecteurs de l'ordre d'Etat. Dupin est rendu attentif à l'affaire de la rue Morgue par la lecture de son journal. Il observe avec condescendance le travail de la police parisienne ; la Sûreté et son père-fondateur Vidocq lui semblent incompétents face au crime mystérieux de la modernité. Dupin se borne à lire les rapports des journalistes et à les méditer. Une fois cette réflexion mûrie, il inspecte l'appartement de la rue Morgue. Enfin, il fait part de ses découvertes et conclusions au narrateur-témoin ébahi. L'enquêteur, contrairement à l'agent de la Sûreté, n'agit pas, mais enregistre les faits pour les exposer ensuite. Il ne doit, en principe, que disposer de la même quantité d'informations que n'importe quel autre observateur, le lecteur compris. Son art consiste à combiner correctement les données du problème, en séparant l'ivraie du bon grain, ou, si l'on veut, les vraies pistes des fausses suppositions.

Les points à élucider se présentent ainsi : premièrement, les voisins, alertés par les cris des victimes, ont dû enfoncer la porte de l'appartement. A l'intérieur, ils constatent que les fenêtres sont toutes fermées. Il semble donc qu'un stratagème diabolique ait permis à l'assassin d'investir, puis de quitter les lieux. Deuxièmement, ces personnages, tous de nationalité différente, n'arrivent pas à déterminer l'idiome de l'assassin dont ils ont entendu des bribes de paroles. Troisièmement, une somme de quatre mille francs en or, livrée le même jour par le coursier Adolphe Lebon, n'a pas été emportée. Ce dernier est néanmoins arrêté. Quatrièmement, la sauvagerie déployée semble échapper à la logique humaine, fait que confirment les empreintes monstrueuses trouvées sur le cou d'une des victimes.

On reconnaît ici plusieurs éléments de base du récit de détection que les successeurs de Poe exploiteront à maintes reprises : le mystère de la chambre close, le motif apparent ou réel, le groupe de personnages-témoins initialement réunis, le faux suspect, les indices trompeurs à première vue.

Dupin, dans une démonstration brillante, balaie les déductions erronées et ouvre la voie d'une solution aussi simple que contraignante : l'agresseur est un orang-outan échappé à son propriétaire. Il suffit d'attirer ce dernier, en publiant une annonce dans les journaux qui lui promet la restitution de l'animal. Aussi la justesse de l'analyse de Dupin se confirme-t-elle sur toute la ligne.

Une divinité de type nouveau, le génie de la déduction, commence ainsi sa longue carrière dans la fiction romanesque du XIXe et du XXe siècle. Son émergence n'a été rendue possible qu'au sein d'un univers narratif spécifiquement organisé. Tous les indices qu'il déchiffre, toutes les hypothèses qu'il formule et toutes les impasses qu'il évite, en bref toute sa raison d'être, obéissent à une seule fin, qui est le fin mot de l'histoire. La pseudo-démarche de déduction suit en fait toujours un itinéraire soigneusement fléché par l'auteur. Dupin est, par conséquent, le premier héros romanesque qui n'émeut plus le lecteur par son engagement dans une action et une destinée mais l'amuse et le fascine par un exposé de ses facultés cérébrales.

2. **Emile Gaboriau.** — Un double meurtre qui dépasse la compétence de la police mais qu'un analyste génial finit par attribuer à un singe, telle est la formule initiale. Les successeurs de Poe s'en emparent tout en la développant : le criminel acquerra une identité sociale et psychologique et il possédera donc un mobile.

L'affaire Lerouge (1866) d'Emile Gaboriau illustre cette évolution. Une veuve est trouvée assassinée dans sa chaumière près de Bougival. Le chef de la Sûreté, croyant à la thèse du vol, se lance à la poursuite d'un mystérieux suspect. Pendant que le juge d'instruction hésite encore sur la stratégie à adopter, un enquêteur privé fait surface. Il s'agit du père Tabaret, nommé Tireauclair. Celui-ci, après un examen minutieux des indices, établit une première typologie du meurtrier.

Or, malgré la justesse des ses observations, Tabaret finit par accuser un innocent. Toute sa théorie s'effondre parce qu'il n'a pas compris combien les liens du sang et de la passion déterminent le comportement de ses semblables. En fait, la démarche de détection ne semble ici qu'un ressort vite détendu. La véritable substance du roman provient du fonds mélodramatique accumulé dans les romans-feuilletons du XIXe siècle. L'assassin cherche à se faire passer pour l'enfant légitime d'un comte, alors qu'il n'en est que le fils naturel. Son projet consiste à faire endosser son crime et son ascendance à son demi-frère, qui se révélera pourtant l'héritier légitime du comte. Après de nombreuses péripéties, l'excellence morale revient à la noblesse de rang et de sang, alors que le vice coïncide avec la bâtardise et l'ambition usurpatrice. Les personnages, tels ceux de Balzac, Sue, Dumas ou Féval, suivent tous la trajectoire d'une destinée. Ils n'accomplissent que de manière secondaire une fonction dans une énigme criminelle. C'est pourquoi le récit de détection s'interrompt maintes fois pour faire place à de longues rétrospectives sur le passé familial et amoureux de chaque acteur.

Le crime d'Orcival, Le dossier 113 (1867), *Monsieur Lecoq* (1869) et *La corde au cou* (1873) confirment le succès de *L'affaire Lerouge.* Ces romans font intervenir un agent de la Sûreté, Lecoq, à la place de Tabaret, tout en pratiquant eux aussi un mélange de feuilleton mélodramatique et de récit de détection. Gaboriau a créé ainsi une variante techniquement inférieure aux belles démonstrations analytiques de Poe. Mais, d'un autre côté, il a intégré au genre policier naissant l'énorme potentiel thématique du roman de mœurs et du roman d'aventures.

3. **Conan Doyle.** — Les figures de Sherlock Holmes et de James Watson descendent en droit ligne du che-

valier Dupin et de son ami-témoin et narrateur. Quant aux aventures et enquêtes du plus célèbre des détectives, elles sont construites en partie d'après le modèle de Gaboriau et de son pendant anglais Wilkie Collins (*La pierre de lune,* 1868).

Sherlock Holmes traite pourtant Lecoq de « bavard » et de « misérable bousilleur [qui] n'a pour lui que son énergie », alors que Dupin lui apparaît comme « un débutant ». Ce jugement, certes conforme à l'arrogance de Holmes, montre que l'enquêteur est maintenant devenu un type complet, conscient que son rôle n'admet plus l'amateurisme de ses prédécesseurs.

Dès que Watson le rencontre pour la première fois, au début d'*Une étude en rouge* (1887), Holmes se présente comme le maître incontestable d'un savoir et d'une technique spécifiques. L'observation et l'analyse se fondent chez lui sur une connaissance de plusieurs domaines scientifiques. La liste établie à ce sujet par Watson révèle qu'Holmes domine complètement la chimie, l'anatomie et la criminologie, en partie la botanique, pour l'aspect toxicologique, et la géologie, notamment pour comprendre la composition de la terre en surface. Il ignore, en revanche, la littérature, la philosophie et l'astronomie et n'a que de faibles notions en politique. Il est par ailleurs bon violoniste et excellent boxeur et escrimeur.

A part la musique, à laquelle il faut ajouter la consommation de drogue, Holmes ne s'intéresse qu'aux théories et pratiques directement utiles à la détection. Monomane, il ne partage pas les ambitions du commun des mortels, et demeure, par exemple, indifférent aux femmes. Seul le contact avec Watson le met dans une humeur communicative et pleine d'affection confiante. Et, sans doute, cet échange répond-il à une contrainte formelle du récit : Watson, par ses questions et objections, permet à Holmes de faire un exposé complet du problème et de sa solution. Quant au lecteur, humilié par la supériorité de l'enquêteur, il peut au moins s'identifier à un médiateur dont l'honnêteté morale et intellectuelle est hors de doute.

Enfin, la vie d'appartement partagée par les deux compagnons au 221 B Baker Street accomplit une fonction dramaturgique. L'intérieur domestique constitue, en effet, un îlot de cohérence au sein de la mégalopole sourdement travaillée par les forces du désordre. C'est ici qu'arrivent, par la presse, le courrier ou, directement par les solliciteurs, les nouvelles du désordre criminel à l'extérieur. Holmes et Watson s'élancent alors dans la brume de l'aube londonienne avec la certitude d'y propager les lumières de la rationalité. Et, à la fin, c'est de nouveau dans l'appartement que le maître, installé dans un fauteuil, explique à son ami la solution de l'énigme.

Les investigations de Holmes font l'objet de quatre romans (*Une étude en rouge,* 1887 ; *Le signe des quatre,* 1890 ; *Le chien des Baskerville,* 1902 ; *La vallée de la peur,* 1915) et de cinq recueils de nouvelles (*Les aventures de Sherlock Holmes,* 1892 ; *Les mémoires de Sherlock Holmes,* 1893 ; *Le retour de Sherlock Holmes,* 1905 ; *Son dernier coup d'archet,* 1917 ; *Les archives de Sherlock Holmes,* 1927). Chacune des histoires se déroule dans un cadre nouveau souvent baigné d'une ambiance oppressante. Les recherches de Holmes portent sur des problèmes extrêmement divers, dont l'assassinat n'est qu'une variante.

Les romans, à part *Le chien des Baskerville,* utilisent massivement le retour en arrière pour faire comprendre les implications du récit de l'enquête. De nombreux critiques dénoncent la lourdeur de ces œuvres. Ils leur préfèrent la composition des nouvelles, entièrement axées sur l'enquête et souvent animées par une compétition permanente entre Holmes et son antagoniste. Ce jugement ne tient pas compte du fait que les récits de détection de Conan Doyle ne génèrent pas spontanément un modèle d'écriture policière. Ils inventent en partie seulement les formes d'un genre nouveau. Les premières créations de Doyle se situent, en effet, dans la tradition du roman historique et du roman gothique. Il est donc normal que les contenus propres à ces genres ressurgissent dans les enquêtes de Holmes.

C'est notamment le cas de la deuxième partie d'*Une étude en rouge,* consacrée tout entière à un drame terrifiant survenu dans l'Amérique des pionniers. Au cours de cette aventure se forme le projet de vengeance de Jefferson Hope qui aboutit à l'assassinat de Drebber et Strangerson, meurtres qui déclenchent l'intervention de Holmes dans la première partie du roman. La rétrospective de la deuxième partie ne se borne pas pour autant à justifier de manière mélodramatique le châtiment infligé aux malfaiteurs. Doyle est trop bon écrivain pour ne pas opérer des renvois entre les différentes sections de son texte. A commencer par l'évocation de deux lieux scéniques aussi opposés que complémentaires. D'un côté l'Amérique, ouvertement violente par sa nature et le tempérament de ses colonisateurs. De l'autre, Londres, secrètement dangereuse sous son anonymat et sa civilisation de façade. Le lien entre ces deux univers est établi par Jefferson Hope. Celui-ci évolue avec aisance dans les contrées sauvages du Nouveau Monde et dans la jungle urbaine de la capitale britannique. Le déchiffrement de traces, le déguisement, le combat corps à corps n'ont pas de secret pour lui. Seul Sherlock Holmes, plus astucieux encore, peut le démasquer et à la fin le maîtriser.

Le grand détective prend ainsi, dès sa première enquête, une stature de surhomme qui se mesurera bientôt à la puissance satanique de Moriarty. En

Holmes se réunissent les vertus héroïques les plus anciennes et les qualités intellectuelles les plus modernes. De cette manière il n'incarne pas seulement un idéal de l'Angleterre victorienne, mais devient aussi très rapidement une figure mythique universelle. Car, pour la première fois, un héros fait dépendre sa quête du vrai d'une enquête sur le mal, il s'achemine vers l'équilibre final en montrant pas à pas au lecteur fasciné comment il répare le désordre initial. Comme si Dieu se regardait et se confiait en train de sauver le monde.

4. **Gaston Leroux, Maurice Leblanc.** — Le génie de Doyle a été de créer un personnage de pur enquêteur, sans passions ni arrière-plan familial, un homme au-dessus de la mêlée, et, pourtant, un personnage admirablement typé. Les contemporains français de Holmes ne présentent pas ce profil strictement déterminé par la fonction de détection : il sont partie prenante, engagés dans le jeu des passions, des idéologies et des morales de leur époque. Au point que Chesterton semble tenté d'en faire les représentants d'un courant français unitaire : « Il y avait quelque chose de tout à fait symétrique dans l'inversion par laquelle le "monsieur roux" écrit toujours des histoires de détectives, tandis que le "monsieur blanc" écrit toujours des histoires de criminels. »

Leroux doit sa célébrité au *Mystère de la chambre jaune* (1907-1908). Comme dans *Le double assassinat* de Poe et *La bande mouchetée* de Doyle, le problème initial réside dans une agression commise à l'encontre d'une personne seule dans une pièce hermétiquement close. Ici, la victime est Mathilde Strangerson, qui habite avec son père le domaine du Glandier. Rouletabille, un jeune reporter parisien aussi astucieux que persévérant, accourt sur les lieux. Il commence ses recherches, concurrençant tout de suite le chef de la police Frédéric Larsan. Deux types d'enquête entrent alors en compétition : Larsan cherche à accumuler les preuves contre un seul suspect. Rouletabille, en revanche, combine la lecture d'indices et la démarche déductive, sans exclure le jugement spontané à la suite d'une impression subjective.

Il constate en premier lieu que Mathilde a été abattue plusieurs heures avant la découverte du corps, à un moment où la chambre jaune était encore parfaitement accessible au malfaiteur. Les cris qui alertent le Pr Strangerson et son assistant ne sont pas provoqués par un agresseur mais par le cauchemar qui tourmente la jeune femme grièvement blessée. Dans un deuxième temps, Rouletabille démasque Larsan, qui n'est autre que l'escroc Ballmeyer. Celui-ci avait secrètement épousé Mathilde aux Etats-Unis et cherche désormais à l'empêcher de partager sa vie avec un autre homme. Enfin, une troisième révélation fait de Rouletabille le fils de Ballmeyer et de Mathilde. Dans *Le parfum de la dame en noir* (1909), qui fait suite au *Mystère de la chambre jaune,* l'ingénieux journaliste conduit, en effet, ses investigations jusqu'à la résolution de son destin œdipien : il contraint son géniteur au suicide et obtient la pleine reconnaissance de la part de sa mère.

Il semble que plusieurs rouages de ce roman policier tournent à vide : la chambre close est ouverte au moment du crime ; la victime, d'abord agonisante, se rétablit, puis, au lieu de nommer son agresseur, s'enferme dans un mutisme énigmatique ; le chef de la police est un criminel ; un modeste journaliste-détective, destiné à se faire une place dans la société, se découvre en fin de compte déjà confortablement installé dans le milieu de la haute bourgeoisie. Leroux cherche, en fait, à atteindre l'harmonie ultime du mélodrame. Il réduit ainsi le crime et son élucidation à une agitation sans véritable enjeu.

Quant au héros de Maurice Leblanc, à aucun moment son existence ne se confond avec le rôle d'un enquêteur. Arsène Lupin fait pendant au personnage de Raffles créé par Ernest William Hornung. La polyvalence et l'omniprésence le caractérisent d'emblée. Enfant d'un professeur de gymnastique et d'une aristocrate, il s'engage dans une carrière de cambrioleur tout en soignant une apparence de dandy : habit de soirée avec fleur à la boutonnière, gants beurre frais, haut-de-forme et monocle. Ses vols se font au détriment de personnages antipathiques, tels des profiteurs, maîtres chanteurs, dominateurs arrogants, ou encore d'organisations mal aimées comme les banques, les églises et le Trésor public. Lupin vole au secours des démunis et des humiliés au point de leur abandonner des parts substantielles de son butin. Il est un grand protecteur et séducteur de femmes dont quatre deviennent successivement ses épouses : la première meurt au bout de cinq ans de mariage, la deuxième prend le voile, la troisième reçoit, à la place de son mari, une balle tirée par le grotesque Herlock Sholmès, la quatrième sombre dans l'oubli après une brève apparition. Lupin, de toute manière, n'a guère l'occasion de mener la vie de famille. Quand il ne sillonne pas les mers et les continents, il hante les salons parisiens ou les châteaux normands en variant continuellement son identité. Les déguisements, les changements d'âge, de profession et de nationalité font de lui le maître de toutes les situations. Et ces dons ne lui permettent pas seulement de dévaliser les riches au nez et à la barbe de la police. Lupin s'attaque aussi à des énigmes dont la résolution rend service à son pays. C'est lui qui renoue le fil rouge de l'Histoire de France rompu par la Révolution. Il découvre en effet dans l'aiguille creuse d'Etretat le coffre-fort des rois de France dont le secret semblait perdu depuis la mort de Marie-Antoinette (*L'aiguille creuse,* 1909). C'est Lupin encore qui aide sa patrie à faire face aux défis politiques et militaires du temps présent. Dans *L'île aux trente cercueils* (1920), il comprend que « la dalle des rois de Bohême » est une pierre radioactive dont les Allemands ne doivent pas s'emparer.

Jean Valjean, d'Artagnan, Rocambole, Philéas Fogg, Sherlock Holmes et d'autres héros populaires ont prêté leurs traits à Arsène Lupin. Il en ressort un personnage invincible, capable de réaliser les plus beaux rêves cocardiers. Sartre écrit à son sujet : « J'adorais le Cyrano de la Pègre, Arsène Lupin, sans savoir qu'il devait sa force herculéenne, son courage narquois, son intelligence bien française, à notre déculottée de 1870. » Il faut ajouter que les aventures d'Arsène Lupin demeurent par leur forme à l'écart des grandes tendances du roman policier de cette époque. Les imbroglios sans nombre sont contraires aux structures de plus en plus contraignantes que s'impose le récit de détection à la suite de Conan Doyle. Il semble que la pratique narrative de Leblanc, fondée sur l'action forte et la péripétie, ne revienne au premier plan qu'après la deuxième guerre mondiale.

Chapitre III

LE PROBLÈME ET SA SOLUTION

Le roman-problème, ou roman-jeu, domine la littérature policière de l'entre-deux-guerres. Après son épanouissement en Angleterre, il se développe puissamment aux Etats-Unis et forme quelques ramifications en Belgique et en France. Il obéit à un protocole fixe, comportant un meurtre initial, un nombre restreint de suspects, un détective menant l'enquête et la révélation finale du coupable. Les possibilités de variation d'une structure si rigide sont limitées. La prévisibilité du jeu formel fait pourtant les délices de tous les amateurs de devinettes. Et il est vrai que, même après la disparition des patronnes et maîtres de la grande époque, la formule classique continue à alimenter une production relativement importante. Tel est le cas de plusieurs romans de Ruth Rendell ainsi que des œuvres de Phyllis D. James, parus depuis les années 1960. De même, certains feuilletons télévisés recourent entièrement ou partiellement au schéma du *whodunit.* La prestigieuse série des « Columbo », par exemple, en exploite de nombreuses figures, malgré la structure atypique du récit qui révèle à son début l'identité de l'assassin.

Il n'en reste pas moins que le roman-problème s'associe surtout au nom d'Agatha Christie et de quelques autres virtuoses qui seront présentés ci-après. Tous ces écrivains ont été conscients de travailler sur la base d'un code plus ou moins contraignant. Certains comme G. K. Chesterton, Dorothy Sayers et Agatha Christie, pour afficher, assez humoristiquement d'ailleurs, leur commune soumission aux règles, fondent, en 1928, le « Detection Club » de Londres. D'autres, comme R. Knox et S. S. Van Dine publient des manifestes normatifs du genre policier.

Ce dernier a formulé, en 1928, *Les vingt règles du roman policier,* une charte qui célèbre le triomphe, mais annonce aussi le dessèchement formaliste du roman-problème (voir en annexe le texte intégral). Comme ces prescriptions découlent d'un nombre limité de principes fondateurs, on peut les organiser en sous-ensembles.

La première exigence de Van Dine, répétée avec insistance, vise à établir des rapports spécifiques entre toutes les parties contractantes engagées dans un roman policier. A commencer par la relation entre le lecteur et le détective : les deux « partenaires » ont droit à la même quantité et qualité d'informations (règle n° 1), ce qui signifie que la révélation se fait sur la base de clés distribuées au long du texte (n° 15). Cette obligation de loyauté est précisée dans les n°s 4, 9 et 10 : démasquer le détective en tant que coupable équivaudrait à falsifier un invariant structural ; multiplier les enquêteurs conduirait à trop avantager une seule instance ; introduire à la fin un criminel auparavant inexistant reviendrait à empêcher l'élimination progressive des suspects. Vient ensuite la relation entre le lecteur et l'auteur qui suppose que ce dernier renonce à manipuler le récit par des effets d'omniscience (n° 2). Il n'a pas le droit non plus de faire procéder le meurtrier au moyen d'une technique exotique (n° 14), de même qu'il lui est interdit d'attribuer la mort de la victime à une cause autre que l'assassinat (n° 18). Ce serait, d'une part , dépasser la compétence moyenne du lecteur, et, d'autre part, abuser de sa bonne foi. Enfin, il doit veiller à ce que le coupable n'appartienne pas à une organisation criminelle, faute de quoi il n'y aurait plus compétition, mais combat entre le détective et les suspects (n° 13).

Une deuxième série de règles porte sur la rigueur logique à observer dans la construction et la résolution du problème. Le détective est ici la figure centrale (n° 6). Il est tenu de suivre une démarche déductive qui n'admette ni le hasard ni l'intuition miraculeuse (n°s 5 et 8). Le privilège accordé à la dimension rationnelle du texte romanesque aboutit à purger celui-ci de certaines de ses composantes traditionnelles. Le n° 9 exclut en effet de tisser des liens d'amour entre les personnages. Quant au n° 16, il bannit les développements descriptifs ou analyses psychologiques dans la mesure où ils ne sont pas régis par les besoins de l'intrigue policière.

Les autres règles indiquent comment satisfaire l'attente du lecteur. Dans les n°s 7 et 12, l'accent est mis sur les stratégies textuelles assurant une bonne réception : il est souhaitable que le meurtre déclenchant le jeu de détection intervienne rapidement et que la responsabilité de cet acte incombe à un malfaiteur clairement désigné. Le n° 19, centré sur la capacité de référence du texte, préconise de choisir des motifs crédibles aux yeux du public moyen. Ce dernier s'avère cependant coïncider avec les classes supérieures puisqu'il se désintéresse d'un meurtrier de condition sociale modeste (n° 11). Le n° 20 enfin tient compte des connaissances accumulées par le lecteur régulier de romans policiers. Il s'agit de lui épargner des techniques de meurtre ou de détection que la répétition a galvaudées.

Le catéchisme de Van Dine énumère de façon assez

complète les principaux éléments constitutifs du roman-problème. Il ne faudrait pas y voir pour autant l'expression d'une production uniforme, que ce soit avant ou après la parution du manifeste. D'un côté, certains auteurs transgressent ponctuellement ou systématiquement l'une ou l'autre des règles : par exemple, Agatha Christie les n°s 4 et 6, Dorothy Sayers le n° 3, G. K. Chesterton le n° 8, P. Véry et Cl. Aveline le n° 16. De l'autre côté, la plupart des créateurs importants parviennent à conférer un aspect inédit à un, voire à plusieurs stéréotypes de base. Il suffit de penser à ce propos aux conceptions variées de la figure de l'enquêteur depuis Hercule Poirot jusqu'à M. Wens, ou encore au traitement spécifique d'un domaine technique particulier, comme l'énigme de la chambre close par J. D. Carr.

I. — Le modèle anglais

1. **Agatha Christie.** — Les enquêtes d'Hercule Poirot, au nombre de trente-trois, débutent dans *La mystérieuse affaire de Styles* (1920). Tous les poncifs du roman-problème sont en place : un vieux manoir à Styles, Essex ; un groupe de personnages composé de la propriétaire, Emily Inglethorpe, et de son second mari, ainsi que de divers parents et habitués du lieu ; une époque déterminée, à savoir la première guerre mondiale. La mort frappe Mme Inglethorpe, empoisonnée à la strychnine. Hercule Poirot, un réfugié belge qui a bénéficié de la générosité de cette dame, est sollicité par le capitaine Hastings pour découvrir le coupable. Assisté de ce nouveau Watson, le détective entre en action. Il relève les indices, puis passe en revue les suspects. Chacun d'eux pourrait avoir un mobile, de sorte que plusieurs pistes s'offrent parmi lesquelles le lecteur doit choisir la bonne. Au dernier chapitre, alors que l'inspecteur Japp vient

d'arrêter le sympathique fils de la victime, Poirot lève le voile. Il convoque tout le monde à une « little réunion in the salon » où il proclame en s'accompagnant d'un geste théâtral : « Messieurs, mesdames, let me introduce you to the murderer, Mr. Alfred Inglethorpe. » Il s'agit du mari, principal suspect dès le début, mais que les doutes planant sur les autres personnages ont fait quelque peu oublier.

Agatha Christie demeurera fidèle à ce schéma. Elle aime évoquer au début de ses récits un lieu scénique où se concentrent les différents acteurs. Il s'agit d'un train dans *Le crime de l'Orient-Express* (1934), d'un avion dans *La mort dans les nuages* (1935), d'un bateau dans *Mort sur le Nil* (1937), d'une île dans *Dix petits nègres* (1939). Le plus souvent une grande maison de campagne fait cependant l'affaire. Car l'essentiel est de réunir dans un espace spécifique et pour un temps délimité un ensemble de personnages au profil socio-psychologique convenu : jeunes femmes candides et éplorées, dames mondaines trahies par leurs époux ou amants, ladies excentriques, officiers mûris sous le soleil des Indes, avocats faisandés, médecins falots, notables ternes, jeunes cavaliers sportifs et niais, domestiques vicieux. Toute une série d'identités sociales épanouies sous la reine Victoria se réduisent ici à des simulacres caricaturaux. Le spectacle doit continuer, chacun joue son rôle. Mais, derrière les coulisses, la ruine menaçante, la cupidité, la jalousie et la rancune forment un mélange explosif.

Aucun des personnages d'Agatha Christie ne demeure étranger à la sphère du mal et de la culpabilité. C'est pourquoi l'enquête, dans ses romans, n'approfondit guère le mobile du crime : tout le monde paraît en avoir un. L'effort de détection porte sur l'organisation et le déroulement du meurtre. La question est de savoir qui a eu l'occasion de commettre le crime.

Il èst donc nécessaire de fragiliser les défenses des personnages jusqu'à mettre au jour une falsification ou un alibi truqué (le *gimmick*). Dans certains cas, le coupable trafique l'heure du crime, dans d'autres, il prend une fausse identité, ou encore il fait croire à une technique du meurtrier qui n'était pas la sienne. Dans *La mort dans les nuages,* par exemple, tout laisse supposer que la flèche empoisonnée qui a tué la victime à bord d'un avion a été propulsée au moyen d'une sarbacane. Dans les bagages à main de chaque passager il se trouve un instrument ayant pu servir d'arme meurtrière. Les objets forment une liste d'indices qu'Agatha Christie se plaît à détailler. Ce sont en fait tous des leurres, ou *red herrings,* destinés à tromper le lecteur. Car le meurtrier, en se rendant aux toilettes, passe à côté de la victime et lui plante la flèche dans la nuque.

Dans une mécanique aussi bien huilée, la figure du détective n'échappe pas à une stylisation extrême. Le seul nom d'Hercule Poirot connote l'enflure et la bâtardise dérisoires : le successeur de Holmes est petit, a une tête d'œuf ou de poire ornée de quelques cheveux gominés et teints, arbore des moustaches en croc, porte des chaussures vernies et possède des actions dans les mines de Birmanie. Et, par-dessus le marché, cet étranger en terre britannique parle un langage artificiel, ponctué de tours maniérés et de formules creuses. Par son apparence composite, il prend la fonction du joker lâché parmi les masques du bal de la mort. Il descend sur la scène non pas comme une réincarnation d'un héros mythique, malgré son nom, mais au bout des fils qui manipulent une marionnette. Aussi ne connaîtra-t-il jamais le rayonnement propre à d'autres enquêteurs célèbres.

Agatha Christie conçoit le rôle de la détection comme entièrement soumis aux besoins du scénario. C'est en ce sens également qu'elle fait intervenir Miss

Marple dans une douzaine de romans et une série de nouvelles. Cette vieille dame alerte mène ses opérations depuis sa maison à St. Mary Mead. C'est ici, installée de préférence dans un fauteuil, qu'elle réfléchit sur les meurtres qui n'arrêtent de survenir dans son environnement. Les pipelettes du village la nourrissent des informations nécessaires. A force de curiosité et d'insistance, elle résout le problème.

La démarche de Miss Marple confirme la formule stéréotypée de toutes les autres enquêtes construites par Agatha Christie. Il n'est donc pas surprenant que la « Duchesse de la mort » se soit amusée à élaborer des variantes insolites du modèle de base. Dans *Le meurtre de Roger Ackroyd* (1926), elle fait de l'assassin le narrateur de l'enquête, ce qui entraîne une cascade d'effets pervers. Car, cette fois-ci, la formule du roman policier est à double fond. Elle exige d'abord l'attitude habituelle du destinataire appelé à trier les indices et à évaluer les suspects. Mais, une fois ce parcours accompli, le lecteur apprend que le narrateur lui a caché le déroulement du meurtre parce qu'il en est lui-même l'auteur. De sorte que le récit de l'enquête apparaît rétroactivement comme un reportage truqué. Ackroyd, en Watson félon, invite le lecteur à partager son regard sur le monde extérieur, mais lui dérobe sa conscience interne et, en conséquence, la mise en œuvre de sa stratégie personnelle. Il n'y a qu'Hercule Poirot, qui évite les chausse-trappes et avance imperturbablement vers la solution.

Lui non plus, cependant, de même que ses homologues, n'est à l'abri de la régie. Dans *Dix petits nègres,* le détective est simplement éliminé alors que la progression de l'enquête est assurée par la seule construction de l'intrigue. Le roman suit la ligne dramatique simple d'une comptine : Dix personnages — l'éventail sociologique classique — réunis dans un lieu sans issue, puis assassinés l'un après l'autre. Une mort est cependant simulée, celle du cerveau de toute l'opération, qui explique à la fin que son mobile était la vengeance. Tous suspects et tous des meurtriers à l'exclusion de la victime et du détective, telle est la formule de l'*Orient Express.* Tous suspects et tous des victimes, à l'exception du meurtrier et en l'absence du détective, telle est la figure choisie dans *Dix petits nègres.* Ce sont là des variations menées d'une main magistrale. Agatha Christie est la virtuose incontestée dans le maniement des formes pures du récit de détection. Elle agace ainsi les tenants d'une écriture policière inventive par sa dimension psychologique ou idéologique. Boileau-Narcejac écrivent à propos des romans d'Agatha Christie : « A aucun moment, le lecteur n'entre dans le jeu. Il voit défiler devant lui des individus qui dissimulent tant bien que mal de pauvres passions dont chacune porte une étiquette [...]. Et ces passions, disposées dans le récit comme des rouages, mises en place pour fonctionner d'une certaine manière, ne produisent aucune chaleur, ne communiquent aucune excitation. » Un tel jugement est en porte à faux car des millions de lecteurs sont parfaitement « entrés dans le jeu », un jeu étranger aux préoccupations littéraires, il est vrai, mais aussi divertissant que des mots croisés habilement conçus.

2. **Dorothy Sayers.** — Dorothy Sayers illustre elle aussi parfaitement la technique du roman-problème classique. Elle est consciente de maîtriser la forme au point de s'autoriser d'Aristote. Ainsi affirme-t-elle, par exemple, que la triade meurtre, enquête et révélation renvoie à l'équilibre des parties d'une épopée idéalement prescrit dans *La poétique.*

Sans aucun doute, les ingrédients du genre sont bien présents ici. Il suffit d'évoquer à ce sujet la figure du détective, Lord Peter Wimsey, fils cadet du quinzième duc de Denver. Formé à Oxford, décoré pour son courage dans les tranchées de l'Argonne, il pratique la bibliophilie et le cricket. Il résout d'abord par pur amusement un cas de meurtre (*Lord Peter et l'inconnu,* 1923), mais s'engage ensuite à part entière dans d'autres affaires criminelles. Il va jusqu'à ouvrir un bureau à St. George's Square et se fait appeler désormais « le Sherlock Holmes des Beaux Quartiers ».

Quant aux éléments du problème et de sa détection, Dorothy Sayers les met en œuvre avec beaucoup de rigueur. Comme le montrent ses réflexions théoriques à ce sujet, elle se fixe comme premier objectif d'induire le lecteur en erreur. Celui-ci est invité à éliminer le véritable meurtrier du cercle des suspects prometteurs et à porter son intérêt sur un personnage innocent mais lourdement chargé par des indices accusateurs. Le faux alibi, souvent élaboré à partir d'une manipulation chimique, doit paraître absolument inattaquable. Et il est utile de trafiquer le moment du décès de la victime afin que les vivants soient tenus pour morts et les morts pour vivants. Enfin, Dorothy Sayers s'efforce de présenter des faits strictement vérifiables. Les milieux qu'elle peint lui sont connus par une expérience personnelle. Quant aux techniques d'assassinat, que ce soient des réactions biochimiques, des engrenages mécaniques ou des procédés exploitant la dimension du temps, elle les a soigneusement étudiées et parfois mises à l'épreuve avant d'en faire usage dans ses textes.

Malgré cette soumission aux contraintes du genre, les romans de Dorothy Sayers semblent comme éclairés par des foyers extérieurs au schéma policier. Ainsi son style très élaboré, rappelant les romans psychologiques de cette époque, lui a valu les sarcasmes d'un Chandler : « Elle [Dorothy Sayers] a essayé de passer avec armes et bagages du côté de deux qui savent bâtir une histoire mais ne savent pas écrire à ceux qui savent écrire mais qui, bien trop souvent, sont incapables de bâtir une histoire. »

Sur le plan thématique, il est frappant d'observer que le détective ne se maintient pas dans la position neutre et affectivement indépendante qui caractérise par exemple Dupin, Holmes et Poirot. Dans *Poison violent* (1930), Wimsey tombe en effet amoureux de Harriet Vane, accusée d'avoir empoisonné son ancien fiancé. Cette femme, auteur de romans policiers, apparaît d'emblée comme une figure sociologiquement et psychologiquement très profilée de sorte à faire oublier passagèrement sa fonction dans un récit de détection. Et c'est là précisément une rupture du code contre laquelle, dans ses écrits théoriques, Dorothy Sayers met en garde ses collègues. Quoi qu'il en soit, Wimsey ne démord plus de Harriet. Après l'avoir sauvée de la potence, il continue à lui faire la cour, l'associant d'une manière ou d'une autre à ses enquêtes. Comme elle doute de la profondeur des sentiments de son prétendant, elle ne lui accorde sa main que dans *Busman's Honeymoon* (1937). C'est ici la dernière enquête de Wimsey, en dehors de quelques interventions dans des nouvelles parues ultérieurement. A la fin de *Busman's Honeymoon,* l'enquêteur attend avec anxiété l'heure de l'exécution du coupable qu'il a livré à la justice. La conséquence ultime d'une chasse à l'homme lui cause des cauchemars aussi atroces que ses souvenirs de guerre. L'incompatibilité entre le rôle de détective et la sensibilité d'un être responsable — conflit qui travaillera Maigret en permanence — conduit Lord Peter à mettre fin à sa carrière. Il se fait accompagner par sa créatrice qui quitte la voie du roman policier et se consacre désormais à la traduction de *La divine comédie.*

3. **Gilbert Keith Chesterton.** — Les enquêtes du Père Brown ne représentent pas une simple variante du schéma de détection classique. Chesterton cherche à révéler les abîmes de l'âme humaine au moyen d'une intrigue criminelle. Il est un moraliste qui expose dans de brefs récits les ravages produits par la tentation du mal.

Ces machinations diaboliques, le Père Brown est le seul à les pénétrer et à en prévenir parfois les conséquences. Il s'agit pourtant d'un détective dépourvu des traits typologiques de ses homologues contemporains : au lieu d'exhiber son intellectualisme, son maniérisme ou son snobisme, il se contente d'une apparence insignifiante, affublée de quelques détails pittoresques. Cet air de banalité extérieure est compensé par une perspicacité aiguë et une intuition subtile.

Le premier soin du Père Brown est toujours de chercher un mobile humain là où d'autres voudraient croire à une intervention du surnaturel. Il conteste le pouvoir de la magie ou encore la force d'une malédiction, mystifications qui ne font que dissimuler une stratégie rationnelle : « L'esprit moderne confond constamment ces deux idées : le mystère qui dérive du caractère merveilleux d'un objet et le mystère qui dérive de son caractère compliqué. » La complexité de l'objet, c'est-à-dire de l'énigme criminelle, reprend dans l'œuvre de Chesterton des cas de figure inventés bien avant lui. Le problème de la chambre close, par exemple, est au centre de neuf nouvelles. Et ce qui apparaît d'abord comme un événement au-delà de l'entendement humain se réduit régulièrement à un stratagème parfaitement explicable : le local était accessible malgré les apparences *(L'oracle du chien)* ; l'assassin prend l'identité d'un familier des lieux et entre sans se faire remarquer *(L'homme invisible)* ; le meurtrier ferme le local après y avoir tué sa victime *(La flèche du ciel)*.

L'intérêt de ces récits ne découle pas, cependant, de la solution plus ou moins raffinée d'une affaire de meurtres. Il provient de ce que le crime paraît un bouleversement hallucinant du monde suivi d'un retour tout aussi rapide à l'ordre. L'intensité rythmique et la densité sémantique de cette traversée sont d'une originalité remarquable. En témoigne *L'homme vert* : le cadavre de l'amiral Carven, couvert d'écume verte, gît dans un étang à proximité de l'océan, d'un côté, d'une taverne nommée *L'homme vert,* de l'autre. La nouvelle se répand que Carven s'est noyé, sans autre commentaire. Le notaire Dyke réagit à cette information en demandant : « Où l'a-t-on trouvé ? » Le Père Brown qui entend cette question devient « aussi vert [...] que "l'Homme vert" ». C'est qu'il a identifié l'assassin de l'amiral. Dyke, en effet, aurait dû demander *si* et non pas *où* le corps a été retrouvé. Il fait comprendre ainsi qu'il a traîné le cadavre jusqu'à l'étang et l'a arrangé pour faire croire à la thèse de la noyade. Le prêtre signale par une parabole que la vérité lui apparaît clairement : « Je le [Carven] voyais plutôt revêtu d'un manteau de goémon. »

Comme d'habitude, le Père Brown porte un diagnostic infaillible dès la première prise de contact avec le meurtrier. Car le détective en soutane, bien plus qu'un système de déduction, possède un instinct qui lui révèle la présence du mal. Il combat le surnaturel nourri de superstitions barbares alors qu'il use du pouvoir transcendant que lui confère sa vision de l'homme sur fond de morale chrétienne.

L'enquêteur, en conséquence, ne recourt que partiellement, comme par acquit de conscience, aux instruments classiques de la détection. Dans *L'homme vert* il s'entretient certes avec les personnages qui peuvent passer pour suspects. Mais au lieu de les interroger il les assiste pour les aider à accepter un destin qu'il estime inéluctable. Il laisse, par exemple, la fille de l'amiral fantasmer sur les implications symboliques du meurtre pendant qu'il prépare déjà son avenir au-delà de l'arrestation du coupable : « *L'homme vert* devint [pour Olive Carven] un fantôme chargé d'herbes nauséabondes errant dans la campagne sous la lune ; l'enseigne de *L'homme vert* se transforma en une silhouette humaine pendue à un gibet, et la taverne elle-même devint une grotte, une sombre caverne sous-marine pour les marins morts. Et cependant le Père Brown avait pris la méthode la plus rapide pour dissiper ces cauchemars avec une clarté aveuglante plus mystérieuse encore que les ténèbres de la nuit. »

La dernière phrase de ce passage résume à elle seule le principe organisateur des enquêtes construites par Chesterton. Tous les acteurs affectés par un crime, y compris la police, et, par extension, les lecteurs du récit se débattent dans l'obscurité d'un mauvais rêve. Ils ne bénéficient à aucun moment d'indices jalonnant la marche progressive vers la vérité. Le Père Brown à lui seul et presque d'un seul coup fait rayonner la lumière de son inspiration divine. Il présente ce tour de prestidigitateur dans cinquante et une nouvelles recueillies en cinq volumes : *La clairvoyance du Père Brown* (1911) ; *La sagesse du Père Brown* (1914) ; *L'incrédulité du Père Brown* (1926) ; *Le secret du Père Brown* (1927) ; *Le scandale du Père Brown* (1935).

Il faut ajouter que Chesterton, qui cherche à lutter contre la déchéance morale de son époque, juge le récit policier plus approprié à cette tâche que d'autres formes plus classiques de la littérature romanesque. C'est pourquoi il essaie d'expliquer l'énorme succès du genre policier auprès du grand public par des arguments esthétiques positivement formulés : « Beaucoup de bons livres ont été populaires ; beaucoup de mauvais livres, et c'est plus heureux encore, ne l'ont jamais été. Une bonne histoire policière est certainement mieux accueillie qu'une médiocre. Ce qui est vraiment regrettable, c'est que tant de gens ne puissent concevoir qu'il soit possible d'écrire un bon ouvrage de ce genre. »

II. — **Le roman-problème aux Etats-Unis**

L'affrontement entre un malfaiteur et un justicier dans les étendues du continent américain a donné naissance à la *Western-story*. A la fin du XIXe siècle, les cow-boys rentrent dans le rang. Leurs homologues dans les grandes villes, gangsters et redresseurs de torts, deviennent alors les protagonistes de récits bon marché nommés *dime-novels* (le dime : dix cents) puis *pulps* (le mot désigne la pâte servant à fabriquer le papier des magazines). Le plus connu de ces héros populaires s'appelle Nick Carter. On le considère généralement comme le précurseur du détective « dur à cuire » dominant dans les œuvres de Hammett et Chandler. Le personnage de Nick Carter, ainsi que ses aventures, est cependant très peu élaboré. Les magazines qui se respectent, comme *The Black Mask* à ses débuts, préfèrent publier des romans à énigme dans la tradition anglaise. Les écrivains présentés par la suite ont illustré cette formule de manière plus ou moins originale.

S. S. Van Dine, *alias* Willard Huntington Wright, invente Philo Vance, un enquêteur riche, cultivé et élégant dont le snobisme ne sera plus jamais égalé par l'un de ses confrères. Il faut l'imaginer sortant d'un club new-yorkais, en smoking, pour voler au secours du procureur Markham et du sergent Heath, empêtrés dans une affaire criminelle trop compliquée pour eux seuls. Ses exploits sont rapportés à la première personne, par le narrateur occupant la position de Watson. Il intervient dans *L'affaire Benson* (1926) et dans onze *murder cases,* mots qui figurent à la fin du titre de chacun des romans publiés entre 1927 et 1939 (par exemple *The Canary Murder Case,* 1927).

Wright compose ses textes en trois étapes, la première version comprenant 10 000, la deuxième 30 000 et la dernière 60 000 mots. Toute cette célébration pédantesque et pompeuse d'une technique d'écriture, qui atteint le sommet dans *Les vingt règles du roman policier* (voir plus haut), n'a pas résisté à l'épreuve du temps. Chandler le dit à sa manière quand il traite Philo Vance de « plus grand âne probablement parmi tous les détectives ».

A l'opposé de Philo Vance se situe l'humble Charlie Chan d'**Earl Derr Biggers.** Il s'agit cette fois d'un inspecteur de police d'origine chinoise qui s'est implanté à Honolulu. Chef d'une famille nombreuse, il met sa rondeur paternelle au service d'une stratégie d'encerclement. Dans six romans écrits entre 1925 et 1932, il ne se défait jamais d'une courtoisie exquise et refuse les procédures d'enquête que ne cautionnerait pas la sagesse de ses ancêtres. Charlie Chan, on le voit, confirme entièrement l'image stéréotypée du Chinois au début du XXe siècle avec, sans doute, une connotation positive que Biggers voulait lui attacher. La spécificité de ce détective ne tient donc pas tellement à son originalité ethnique. Elle s'explique par une attitude placide et sereine qui tranche sur l'agitation ou l'excentricité de tant d'autres enquêteurs. Cette qualité, qu'on retrouvera chez Maigret, a assuré à Charlie Chan un succès de longue durée.

John Dickson Carr s'est rendu célèbre par ses variations sur le thème du local clos. En France il fait figure de classique en raison de *La chambre ardente* (*The Burning Court,* 1937), récit de détection à la limite du fantastique dans lequel se présente un double mystère de chambre fermée. Dans trente romans, sur un ensemble de quatre-vingts, le Dr Gideon Fell assiste la police de ses compétences de criminologue. Les affaires de meurtre qu'il élucide se distinguent par leur complication extrême et leur invraisemblance absolue.

Tel est le cas, par exemple, d'*Après la pluie* (*The Problem of the Wire Cage,* 1939) : un jeune homme a été étranglé au milieu d'un court de tennis accessible par une seule porte pratiquée dans un haut grillage. Quelques indices peuvent être relevés, à savoir une écharpe à proximité du cou de la victime, les traces de pas de cette dernière, de même que les empreintes et un bout d'ongle laissés par une femme. Celle-ci est vite innocentée puisqu'elle a pénétré dans l'enclos en découvrant le cadavre. Comment expliquer alors que le meurtrier ait pu s'approcher de la victime sans laisser de traces ? Serait-ce l'œuvre du danseur de corde qui, comme par hasard, a rôdé dans les environs du court ? Il aurait pu marcher sur le câble servant à tendre le filet ! En fait, l'assassin est demeuré à l'extérieur du court. Il a invité la victime à marquer la place d'un robot lance-balles qu'il prétend vouloir dessiner et construire. Cette expérience implique que l'attrape humaine porte autour du cou une corde dont le meurtrier tient un bout à la main. Une fois le cobaye arrivé à l'endroit voulu, il reste à tirer sur la corde. L'écharpe, quant à elle, avait servi à protéger la peau du cou du jeune homme si coopératif : une délicate attention de l'assassin qui fabrique ainsi un indice accusateur.

Rex Stout, amateur de gadgets lui aussi, se prend moins au sérieux cependant que Carr. Son Nero Wolfe est un détective exceptionnellement monstrueux par son physique et par les rituels de sa vie domestique. Il est petit et si gras qu'il n'arrive pas à croiser les jambes. A onze heures du matin, après avoir supervisé sa collection d'orchidées, il installe sa masse informe derrière son bureau. Toute activité non cérébrale lui est insupportable. Il s'en remet à ses assistants : Théodore soigne les fleurs, Fritz s'occupe de la cuisine alors qu'Archie Goodwin, le narrateur-témoin, accueille les clients et mène les recherches à l'extérieur de la tanière. Dans *Fer-de-Lance* (1934), sa première enquête, Wolfe dévore déjà de copieux menus gastronomiques et écluse des hectolitres de bière. Comme dans les autres romans qui suivront, plus d'une cinquantaine, le détective opère ses déductions en position assise. Sa perspicacité s'exerce à propos d'un club de golf transformé de manière à tuer son utilisateur. L'idée de cet objet piégé paraît aussi saugrenue que celle de la corde meurtrière dans *Après la pluie.* Stout en est si conscient, cependant, qu'il en supprime ironiquement le fonctionnement supposé parfait par l'assassin. Le mécanisme mortel frappe un malheureux qui s'est servi du club avant le véritable destinataire de l'attentat. De sorte que les motifs susceptibles d'expliquer l'homicide sont faussés d'emblée. Wolfe ne donne évidemment pas dans le panneau et finit par dévoiler le coupable.

Ellery Queen, pseudonyme commun de deux cousins (Manford Lepofsky dit Manfred B. Lee et Daniel Natan dit Frederic Dannay), désigne les représentants les plus remarquables du roman-problème de style américain. Dans une première période, inaugurée par *Le mystère du chapeau de soie* (1929) et achevée par *Les dents du dragon* (1940), ils composent des récits basés sur une énigme classique. Une deuxième série de romans et nouvelles présente, par le biais d'une enquête, l'image inquiétante d'une ville de province pourrie à sa base. Ces textes forment l'ensemble de *La chronique de Wrightsville* qui comprend entre autres *La décade prodigieuse* (*Ten Day's Wonder,* 1948, porté à l'écran par Claude Chabrol). Enfin, les œuvres de la dernière période, depuis 1952 jusqu'en 1971, année de la mort de Lee, favorisent les jeux d'écriture fondés sur une technique structuraliste. Les deux auteurs ont produit par ailleurs pour la radio et le cinéma et lancé *Ellery Queen's Mistery Magazine,* revue qui a publié pendant vingt ans les meilleurs nouvelles policières, dont certaines signées John Steinbeck, Arthur Miller ou Pearl Buck.

Les romans d'Ellery Queen, en particulier ceux de la première époque, semblent se conformer au modèle prescrit par S. S. Van Dine : un groupe de personnages est retenu dans un milieu spécifique (théâtre, grand magasin, hôpital, cirque, île, maison bourgeoise, hôtel, etc.). L'un de ces personnages se fait assassiner et tous les autres deviennent suspects ; interviennent alors Richard Queen, inspecteur de la police new-yorkaise, ainsi que son fils Ellery, auteur de romans policiers et, on le voit, figure symétrique du masque pseudonymique des vrais créateurs. Le premier recourt aux moyens techniques de son organisation alors que le second cherche à pénétrer le mystère par son flair et non son intelligence. Deux ou trois chapitres avant la conclusion, il lance un défi au lecteur : « Tout ce que je sais, vous le savez aussi. Remettez les indications que je vous ai données dans l'ordre convenable et la conclusion logique se présentera d'elle-même à votre esprit, désignant le seul criminel possible. » Dans les pages restantes, Ellery fournit de brillantes déductions dans la tradition holmesienne.

Mais la réussite du détective ne tient pas uniquement à sa compétence logique. C'est plutôt grâce à la compréhension d'un milieu et d'une ambiance spécifiques qu'il parvient à ses fins. Dans les romans de Dannay et Lee, le mobile, l'exécution et l'élucidation du crime se détachent sur un arrière-fond symbolique aussi dense qu'omniprésent.

En témoigne l'exemple de *La mort à cheval* (1933). Ce texte s'ouvre sur une description du *Colosseum* à New York. Une troupe de cow-boys attend de s'y produire devant 20 000 spectateurs. Et dès les premières pages la mise en scène des rituels de l'Ouest authentique apparaît comme un produit frelaté : « Aujourd'hui les cow-boys, leurs montures, leurs armes et leur bétail [...] se sont vus transplantés sur le sol goudronné de l'Est. Le nom du spectacle est resté : rodéo. Mais son objet, la saine distraction, a été détourné par les organisateurs avisés qui ont su en faire une source de profit. » Par la suite, les figures de la simulation et de l'ambivalence génèrent tous les éléments d'une affaire de double meurtre. Ainsi, l'assassin étant ambidextre, il sait tirer simultanément des deux mains avec la même précision. Il profite de ce don au moment où la troupe salue le public d'une salve d'honneur. De sa main droite il actionne un revolver chargé à blanc, comme tous ses compagnons. Mais de sa main gauche, armée d'un petit automatique, il vise et abat la victime. L'accessoire traditionnel du cow-boy obéit aux exigences du spectacle, mais l'arme évocatrice de la civilisation urbaine satisfait aux contraintes du réel. Le pistolet est ensuite glissé dans la bouche d'un cheval de cirque qui le transporte hors de l'arène alors que la police s'exténue à fouiller spectateurs et acteurs séquestrés dans le *Colosseum.* Parmi ces tours d'illusionniste, il faut relever aussi une substitution d'identité, un vol simulé et, comme clou de l'histoire, une réédition absolument fidèle du premier meurtre.

Face à cette transfiguration magique du monde,

l'analyse uniquement rationnelle du crime s'avère insuffisante. Le détective et le lecteur deviennent sémiologues, ils déchiffrent un tissu de métaphores, symboles et références mythiques. Ellery Queen l'admet à sa manière : « Une bouffée d'effluves cosmiques — quelque chose, enfin — a déclenché le mécanisme. L'impulsion donnée, la roue s'est mise à tourner, vite, très vite [...]. Je donnerais cher pour savoir comment le Père Brown et ce vieux Sherlock se seraient tirés de cette affaire ! »

Perry Mason d'**Erle Stanley Gardner** est le premier enquêteur à déployer le classique don combinatoire au cours d'une aventure qui engage tous les aspects de son existence. En tant qu'avocat, il s'est spécialisé dans la défense de clients accusés à tort d'un crime capital. Et c'est devant les tribunaux qu'il réussit le plus souvent à desserrer l'étau qui menace d'étouffer ces innocents.

Mais avant de parvenir à ces brillantes démonstrations il doit analyser les cas qui lui sont soumis. Il dispose à cet effet de toute une infrastructure : en premier lieu, il s'appuie sur Della Street, jeune secrétaire dévouée qui sait prendre des initiatives salvatrices quand son patron bat de l'aile. Mason la considère comme une amie qu'il n'exclut pas de choisir un jour pour épouse. Cette forme de complicité entre l'enquêteur et sa collaboratrice se retrouvera encore dans maint roman policier de tendance noire en particulier chez Léo Malet. Mason recourt par ailleurs au détective privé Paul Drake qui s'occupe des vérifications, filatures et autres tâches utilitaires.

Quant à l'avocat lui-même, qui intervient dans plus de cent romans, il impressionne d'abord par ses profondes connaissances de la matière juridique. Sous l'apparence d'un élégant homme de droit transparaît cependant un tempérament de lutteur intransigeant. Mason n'hésite pas, au besoin, à se servir de ses poings ou à brandir son revolver. De même, il parle un langage sans fioritures pour obtenir une réaction immédiate auprès de ses interlocuteurs. Il réussit ainsi à clouer le bec aux représentants de la police qui n'arrêtent pas de le tracasser. A d'autres occasions, il bouscule de la même manière des clients qu'il soupçonne de duplicité. Dans *Sur la corde raide* (1933), il conseille à une arrogante beauté qui vient de perdre son mari par assassinat et que la presse harcèle pour cette raison : « Vous devez les posséder [les journalistes] sur toute la ligne avec un déluge de larmes. Chaque fois que vous verrez un objectif pointer dans votre direction, montrez vos jambes et lâchez les grandes eaux. C'est compris ? » La distinction de Sherlock, Hercule et Philo s'en va ici à vau-l'eau pour céder la place au parler effronté de Sam Spade. La jeune veuve en est ulcérée : « Vous êtes vulgaire, remarqua-t-elle d'un ton glacial. — Je suis pratique, répondit-il. »

III. — **Variantes de langue française**

La diffusion des auteurs anglo-saxons est assurée en France par Hachette, qui édite E. Wallace, la collection « Le masque », qui commence sa longue carrière en 1927 par la traduction du *Meurtre de Roger Ackroyd,* ainsi que par la collection « L'Empreinte », qui publie depuis 1929 des œuvres de J. D. Carr, E. D. Biggers ou Ellery Queen. Les écrivains francophones de cette période reproduisent sans exception les stéréotypes du roman-problème. Dans les années 1930, cependant, certains créateurs, tout en restant fidèles aux règles de base, développent des formes originales.

Pierre Véry vient au genre policier après avoir connu un échec commercial avec *Pont égaré* (1929), un roman poétique couvert d'éloges par André Malraux. Il publie entre 1930 et 1949 vingt-huit « romans de mystère », tous fondés sur un scénario de détection. Dans une dizaine de ces textes, dont *Meurtre au quai des Orfèvres* (1934) et *Le thé des vieilles dames* (1937), l'avocat parisien Prosper Lepicq mène les recherches. Sa spécialité consiste à devancer la police dont il rend les efforts aussi dérisoires que naguère Rouletabille et Lupin. L'enquête chez Véry apparaît rapidement comme la simple confirmation d'un principe formel. L'attrait de ses romans tient à l'ambiance onirique qui s'en dégage. L'univers qu'ils évoquent semble un microcosme villageois peuplé de figures de contes de fées. Il suffit qu'un crime y arrive pour que tout bascule dans le merveilleux surréaliste.

Stanislas-André Steeman, né à Liège, comme Simenon, est l'auteur de romans policiers astucieusement conçus. Les opérations de détection y reviennent à M. Wens, enquêteur raffiné d'allure classique. La notoriété de Steeman se maintient grâce à trois œuvres surtout : *Six hommes morts,* couronné en 1931 du Grand Prix du roman d'aventures, annonce la formule qu'Agatha Christie illustrera définitivement dans *Dix petits nègres* (voir plus haut). *L'assassin habite au 21* (1939) et *Légitime défense* (1941) sont devenus des classiques du cinéma grâce aux adaptations de Clouzot, le deuxième texte ayant inspiré *Quai des Orfèvres* (1942).

Claude Aveline est le premier « homme de lettres » français — il passe pour un disciple d'Anatole France — à se lancer dans le roman policier. Tout en pratiquant le récit à énigme, il cherche à en réduire quelque peu le schématisme, en particulier au niveau des personnages. Il tente en effet de doter ceux-ci de ressorts psychologiques qu'il avait mis en œuvre dans sa production antérieure. *La double mort de Frédéric Belot* (1932), premier d'une série de six romans policiers, atteste la réussite de l'expérience. Aveline adjoint à ce texte inaugural une préface dans laquelle il précise sa conception du genre policier. Il y rejette notamment le dogmatisme esthétique qui, il est vrai, asphyxiera pendant de longues années encore le débat critique sur la littérature policière.

IV. — **Courants dissidents**

Depuis que le roman-problème s'affirme comme la forme dominante du genre policier, il provoque des remises en question de ses principes de fonctionnement. Ainsi **Richard Austin Freeman** propose de modifier partiellement la structure de base. Il ne fait pas tendre son récit vers la révélation d'un coupable, car le lecteur en connaît l'identité, mais déplace l'intérêt sur les moyens de l'investigation. Son Dr Thorndyke possède une culture encyclopédique bien plus vaste que le savoir spécialisé de Holmes. Au lieu d'interroger les indices aussi bien que les personnes, il examine uniquement les faits au moyen de techniques particulièrement sophistiquées. Cette conception, mise en œuvre dès *L'empreinte sanglante* (1907), a valu à Freeman de passer pour l'inventeur du roman policier à caractère scientifique.

Anthony Berkeley Cox, dans deux récits parus sous le pseudonyme de Francis Iles, renonce lui aussi au pouvoir de fascination qu'assure la découverte du coupable. Celui-ci est présenté en train de projeter et d'accomplir son acte. Il semble même échapper aux poursuites pénales jusqu'à ce qu'un retournement arbitraire lui fasse subir quand même un juste châtiment. Aussi bien dans *Complicité* (*Malice Aforethought*, 1931) que dans *Préméditation* (*Before the fact,* 1932, adapté par Hitchcock sous le titre de *Suspicion*), la perspective est centrée sur l'évolution du criminel. Les critiques, en particulier Boileau-Narcejac, voient dans ces œuvres une première esquisse du roman policier psychologique.

Enfin, il faut penser aussi au succès remporté par les romans d'aventures à base d'action criminelle. **Edgar Wallace** en est le représentant le plus célèbre. Dans ses récits, des malfaiteurs monstrueux, souvent à la tête d'une société secrète, tyrannisent la population londonienne. Ils narguent Scotland Yard jusqu'à ce qu'un brillant inspecteur arrive, après maint rebondissement, à les démasquer. Leur échec n'est cependant que provisoire puisqu'ils ont l'habitude de poursuivre leurs noirs desseins dans une suite de la première histoire (voir par exemple *Le Mystificateur* (*The Ringer,* 1926) et *Le retour du Mystificateur* (*Again the Ringer,* 1929). Le premier but de Wallace est de captiver le lecteur par le rythme frénétique de l'aventure beaucoup plus que par un scénario de détection. Il pratique donc la forme appelée le *thriller* que John Buchan, dans la préface de *Les 39 marches* (1915), définit comme « un récit où les incidents défient le probable mais ne transgressent pas l'extrême limite du possible ».

Chapitre IV

LE ROMAN NOIR

Le roman noir n'a jamais été perçu comme une entité homogène ou un genre codifié par les auteurs qui l'ont illustré. Il s'agit, en fait, d'une appellation commode pour désigner un ensemble de textes très divers. Une classification dc ces œuvres sur la base de critères formels se révèle, en conséquence, plutôt impraticable ; il est possible, cependant, de les regrouper en catégories distinctes en relevant certaines de leurs fonctions clés et de leurs thèmes dominants.

Ainsi, la variété la plus répandue du roman noir est-elle reconnaissable à une intrigue articulée autour de la figure centrale de l'enquêteur. Celui-ci apparaît, dans les textes fondateurs, à titre de détective privé. Contrairement aux génies de la déduction qui réfléchissent dans un fauteuil, les *hard-boiled dicks* et *tough guys* descendent dans la rue pour observer et agir. Ils n'affrontent pas le crime comme un problème logique à résoudre dans une sphère close, mais comme l'expression d'une violence endémique dans un espace incontrôlable. Le combat qu'ils livrent au mal ressemble à celui des héros du Far West, popularisé par les *dime-novels* et les *pulps* (voir plus haut). Le privé se distingue toutefois de ses prédécesseurs à cheval par le fait qu'il ne sillonne pas les prairies mais hante la jungle des grandes villes.

Ce loup solitaire n'est pas accompagné d'un hagiographe, comme les Dupin et autres Sherlock. La plupart du temps, il présente les événements par une narration à la première personne et à travers une perspective restreinte. Il concentre son attention et son regard sur son environnement immédiat, parce qu'il s'engage à part entière dans une aventure souvent périlleuse. Quand il parle, il emploie un langage concis et direct dans lequel la péroraison démonstrative n'a plus guère de place.

A ses débuts, en particulier chez Chandler et Ross Macdonald, il considère d'un œil critique la corruption des principaux organes du corps social. Alors que tout obéit à la loi de l'argent, il cherche à maintenir une attitude moralement défendable. C'est pourquoi ses investigations, même si elles aboutissent à un résultat, ne lui apportent pas les fruits escomptés. Et la vérité qu'il met au jour est la plupart du temps si scandaleuse qu'aucun de ses clients n'a envie de crier victoire. Cependant, plus le détective avance dans sa carrière, plus il accepte de faire partie du système. Il lui arrive même de se muer en défenseur populiste de l'ordre des justes. Dans d'autres variantes, ses compétences sont transférées aux membres de la police officielle ou à un agent des services spéciaux.

En même temps que l'enquêteur s'incarne dans des acteurs de plus en plus divers, se multiplient les décors dans lesquels il évolue et les types humains auxquels il est confronté. Le roman noir est sensible à la spécificité des lieux et à l'originalité des êtres qui les peuplent. L'énorme quantité de données concrètes qu'il a su réunir en font aujourd'hui une source d'information précieuse sur la civilisation urbaine dans son ensemble et sur certains aspects de la vie rurale dans les pays industrialisés au XXe siècle. Cautionné par cette dimension sociologique, il peut se permettre de négliger l'axe de l'investigation. Il choisit alors de placer l'accent principal sur le destin d'un homme de tous les jours se débattant dans un univers criminel ou, carrément, sur l'action d'un groupe de gangsters. Dans ce dernier cas, la narration se fait de préférence à la troisième personne. L'intérêt porte ici sur la mise en œuvre d'une opération criminelle, sur le profil comportemental du truand, sur le retentissement d'un acte criminel dans la conscience individuelle ou sur les mœurs d'une association de malfaiteurs.

I. — La carrière de l' « œil privé »

1. **Dashiell Hammett.** — La curée pour se partager le butin d'un hold-up (*Le grand braquage,* 1927), la poursuite d'un trésor factice (*Le faucon de Malte,* 1930), la lutte sanglante pour le contrôle d'une ville (*La moisson rouge,* 1929 ; *La clé de verre,* 1931), telles sont les intrigues imaginées par Dashiell Hammett. Les personnages peu reluisants qui y figurent ne sont ni décrits ni analysés, mais sommairement caractérisés par quelques détails d'apparence. Criminels de toute catégorie : « Son visage basané avait la dureté d'un poing, mais sans rien de hargneux » ; menteuses séduisantes : « elle était grande et mince, mais sans rien d'anguleux, la poitrine haute, les jambes longues, les attaches fines » ; politiciens pourris : « le visage du sénateur avait des tics nerveux et il haletait bruyamment » ; policiers usés : « un individu osseux aux cheveux blancs ». On pourrait leur ajouter les hommes d'affaires aux allures de requin, les avocats véreux, les employés frustrés, les mendiants en quête de drogue et tant d'autres épaves de la grande ville.

L'enquêteur qui se faufile parmi cette faune ne ressemble plus guère à Philo Vance. Dans les premières œuvres de Hammett, il ne révèle que des fragments de son identité. Il est âgé d'environ quarante-cinq ans, coriace malgré sa légère corpulence et d'un sang-froid absolu. Toutes ses missions lui sont attribuées par la « Continental Detective Agency » de San Francisco. Le patron de cette organisation commande de loin l'action parfois meurtrière de ses employés, préfigurant ainsi le rôle de « M » face à James Bond. Hammett mettra cependant fin à l'anonymat complet de l' « Operative Agent ». Dans *Le faucon de Malte,* Sam Spade possède, outre son nom, sa propre agence et emploie une secrétaire. L'image du personnage demeure néanmoins entièrement floue, comme celle de Ned Beaumont dans *La clé de verre* et de Nick Charles dans *L'introuvable* (*The Thin Man,* 1933). A l'exception de ce dernier, les détectives de Hammett préfèrent l'action à la pensée réflexive.

Dans *Le grand braquage,* par exemple, le protagoniste s'engage dans une série d'actions rapides qui exigent sa mobilité permanente : il sort d'un bar louche fréquenté par des repris de justice, rencontre un drogué qui lui annonce un hold-up imminent, retrouve un peu plus tard son informateur assassiné, remarque ensuite que le braquage est déjà en train de se dérouler à la façon d'une opération militaire, se met à suivre le meurtrier présumé de son informateur, assassin liquidé à son tour, entre dans une maison où reposent quatorze cadavres de gangsters exécutés par des compagnons déloyaux et s'accorde enfin un répit, après plus de vingt pages de course ininterrompue : « Il était très exactement cinq heures du matin lorsque j'écartai mes draps pour ramper dans mon lit. Je m'endormis avant que la dernière bouffée de ma Fatima du soir ne soit sortie de mes poumons. Le téléphone me réveilla à cinq heures un quart. »

Peu importe ce harcèlement, les privés de Hammett ont le corps résistant. Ils ne craignent aucune épreuve, se jettent courageusement dans la bagarre et subissent stoïquement la torture. Ainsi Ned Beaumont se fait-il tendrement appeler le « Punching-ball » par une brute qui faillit le battre à mort. L'essentiel pour lui et ses homologues est de rester en contact permanent avec les adversaires, souvent dans le but de les dresser les uns contre les autres. Dans *Le grand braquage,* déjà, le détective assiste à un combat éliminatoire entre truands à la fin duquel tombe aussi son collaborateur félon. *La moisson rouge* se termine par la liquidation complète de deux bandes rivales que l'agent de la « Continental » a poussé à s'entre-tuer.

Il ne s'agit donc guère, dans ces récits, de découvrir le coupable d'un meurtre, mais plutôt de le mettre hors combat après l'avoir piégé, ou « doublé », selon l'expression favorite de Hammett. A la fin du *Faucon de Malte,* Spade ne se vante à aucun moment d'avoir su résoudre l'affaire Miles Archer. Il dit simplement à la meurtrière de son ancien compagnon : « Quand l'associé d'un bonhomme se fait descendre, c'est le boulot de son partenaire de dénicher l'assassin [...] Me demander de ne pas remettre un coupable à la police, c'est comme si on demandait à un cabot d'attraper un lapin pour le lâcher aussitôt. »

Les discours directs, comme le montre le dernier exemple, sont les seuls passages où perce parfois la sensibilité et le tempérament d'un acteur. Dans le récit proprement dit, en revanche, qu'il soit à la première ou à la troisième personne *(Le faucon de Malte, La clé de verre),* la vision demeure purement extérieure. Les événements sont enregistrés à travers l'œil impassible d'une caméra de sorte que le lecteur n'accède jamais aux sentiments ou réflexions des personnages. Sam

Spade par exemple n'est pas « bouleversé », mais « son visage cireux [est] mouillé de sueur ».

Au gommage de la psychologie s'ajoute la suppression de toute rhétorique littéraire. Les enchaînements d'ordre causal ne sont pas explicités mais doivent être devinés sur la base d'une action intense. La description n'est jamais inventaire mais résumé de signes allusifs. Le dialogue n'est pas une succession de discours mais un échange rapide d'énoncés brefs. La lecture ne peut pas ici épouser la courbe d'un développement continu, elle est constamment bousculée, par des coups de théâtre et des retournements de situation.

Comme au chapitre III de *La clé de verre* qui commence par la phrase : « Ned Beaumont ôta ses mains de dessus le cadavre et se releva. » Aucune précision n'a été donnée précédemment quant au lieu où se trouve soudain le protagoniste ou à propos de la victime, malgré l'article défini qui suggère la présence de ce personnage dans le texte immédiatement antérieur. La facture de ces passages évoque des morceaux de bandes dessinées ou des séquences d'œuvres filmiques. Et il est vrai que Hammett a produit des scénarios de bandes policières au début des années 1930. Quant aux affinités entre son écriture et le langage cinématographique, elles ont été soulignées par le succès phénoménal du *Faucon de Malte* avec Humphrey Bogart dans le rôle de Sam Spade.

2. **Raymond Chandler.** — La carrière cinématographique du Philip Marlowe de Raymond Chandler est encore plus impressionnante que celle des détectives de Hammett : Robert Montgomery, James Garner, Robert Mitchum et l'inoubliable Humphrey Bogart lui ont prêté leurs traits. L'attrait du personnage s'explique parce qu'il possède, outre l'efficacité fonc-

tionnelle de Sam Spade, une connaissance des humains, un cœur généreux et le sens de l'honneur.

Marlowe, en effet, n'a rien d'un justicier amateur de la gâchette. Il ne cherche pas à affronter les autres par la brutalité mais plutôt à les provoquer par la parole pour qu'ils soient obligés à leur tour de prendre position. Ainsi, au début de chaque enquête, il oppose aux formules évasives ou méprisantes de ses clients une franchise cynique qui les déstabilise. Une fois ce rituel accompli, il consent à s'acquitter loyalement de sa tâche. Son parler expressif lui sert aussi à railler des séductrices artificielles ou, à l'inverse, à remonter le moral de jeunes femmes timides. A certains moments, il s'amuse avec un interlocuteur de la même veine, comme le lieutenant de police Degarmo, qui tient sous ses ordres des collaborateurs particulièrement violents : « — Vous boitez un peu, dit-il. Vous avez fait un faux pas ? — Tout juste, dis-je. Sur une matraque. Elle a sauté en l'air et m'a mordu derrière le genou gauche. »

Par son ironie inventive, Marlowe affirme obstinément qu'il reste un homme libre dans une société désespérément corrompue et mensongère. C'est là le rôle qu'il joue sans abdiquer dans *Le grand sommeil* (1939), *Adieu ma jolie* (1940), *La dame du lac* (1943), *Sur un air de navaja* (*The Long Good Bye,* 1953), quatre romans particulièrement célèbres sur un ensemble de huit, issus pour une grande partie de nouvelles parues d'abord dans *Black Mask* et *Dime Detective Magazine.*

Les récits de Chandler, bien davantage que ceux de Hammett, contiennent certaines des composantes classiques du roman-problème. Dans *La dame du lac,* par exemple, trois énigmes se présentent successivement : une femme disparue, un cadavre féminin remonté à la surface d'un lac, un homme gisant dans une baignoire, probablement assassiné par la dame en fuite. Une série de personnages peuvent être suspectés d'avoir commis l'un ou l'autre de ces meurtres. Marlowe, à la manière du détective classique, se met à reconstituer l'histoire des crimes. En même temps, il prend part au développement d'une intrigue, se heurtant à la police malveillante, en particulier au lieutenant Degarmo.

L'enquête sur le passé n'apporte certes pas d'informations concluantes sur les crimes initiaux. Elle ressuscite cependant une ancienne histoire de meurtre déguisé en suicide. Cette révélation déclenche plusieurs réactions au niveau présent qui culminent dans le meurtre de la fugitive. A la fin, il s'avère que celle-ci a tué la dame du lac, pris l'identité de la morte, puis liquidé l'homme dans la baignoire avant de se faire supprimer à son tour par son ancien compagnon, le lieutenant Degarmo.

Il s'agit ici d'un cas de figure certes complexe mais néanmoins assez cohérent : les principaux personnages ne défilent pas comme des acteurs isolés, mais se situent les uns par rapport aux autres sur le fond d'une problématique criminelle commune. Il n'en est pas moins vrai que les romans de Chandler ne ressemblent guère à une *murder-party*. Les morts ne sont pas servis à Marlowe sur un présentoir pour qu'il puisse passer à une démonstration théorique. Les cadavres le surprennent là où il les attend le moins, par exemple dans les eaux translucides d'un lac de montagne.

De telles découvertes l'éloignent rapidement de sa démarche initiale. Il finit par comprendre que la mission qu'on lui a confié ne fait que l'enfoncer de plus en plus profondément dans une sordide affaire de meurtres. Son ambition n'est plus alors de satisfaire les vœux de son client, mais de désigner les auteurs responsables d'une comédie sanglante. Et Marlowe aboutit à la vérité non pas en raison d'une maîtrise logique sans faille, mais parce qu'il se laisse porter par les événements et réadapte constamment ses appréciations. C'est précisément en refusant de traiter ses interlocuteurs comme des pions sur un échiquier qu'il se rend attentif à leurs motivations cachées. Même à l'égard de Degarmo, qui lui a pourtant infligé une gifle humiliante, il demeure réceptif, et en sera récompensé : « Je ne pense plus à tout ça. Quand je déteste des gens, je les déteste drôlement, mais je ne les déteste pas très longtemps. »

Il en résulte que les personnages de Chandler, bien que perçus d'un point de vue strictement externe, acquièrent une profondeur psychologique. L'écriture prend ici le temps de composer des portraits, de suivre l'évolution d'un regard ou d'un geste. Elle s'épanouit surtout aussi dans la description de décors architecturaux et de paysages. Ainsi, dans *La dame du lac,* la région des montagnes californiennes est magnifiquement évoquée pour créer une ambiance de pureté et de sérénité. Le cadavre trouvé dans Little Fawn Lake déstabilise cette idylle et nécessite la quête du détective. L'harmonie se rétablit quand Marlowe revient sur les bords du lac, en compagnie de Degarmo, qui va se suicider à la fin. Par cette mise en forme très élaborée, le texte atteint une qualité poétique qui le range parmi les monuments de la littérature romanesque du XXe siècle.

3. **Les successeurs.** — **Ross Macdonald** (pseudonyme de Kenneth Millar) passe à juste titre pour l'héritier de Chandler. Son Miles Archer est un détective incorruptible, coriace et prompt à la répartie, comme Marlowe, mais peu enclin à communier avec les âmes solitaires. Il sait par une longue expérience que les comportements affichés en surface recèlent des motivations égoïstes moins avouables. Et il se doute que les problèmes de routine qu'on lui demande de résoudre le

conduisent dans la plupart des cas sur le terrain piégé d'une affaire criminelle.

Qu'il s'agisse de rechercher des personnes enlevées ou enfuies de leur domicile (*Il est passé par ici / The Moving Target,* 1949 ; *La grimace d'ivoire,* 1952 ; *Un mortel air de famille / The Galton Case,* 1959), d'identifier l'expéditeur de lettres de menace (*La dame en eau douce / The Drowning Pool,* 1950), ou de retrouver un vase précieux (*Un regard d'adieu,* 1969), à chaque reprise, Archer est rapidement confronté à un assassinat, auquel vont s'ajouter un ou deux autres meurtres. Quand il observe que la police suspecte un innocent, le plus souvent socialement défavorisé, il le prend en pitié et se met en campagne pour dénicher les vrais coupables. Interrogeant avec ténacité les personnages qu'il sent mêlés à l'affaire, il parvient à constituer un dossier de plus en plus complet. Au bout de deux ou trois jours, il aboutit à la solution qui coïncide parfois avec un règlement de comptes sanglant.

A l'instar de son inspirateur Marlowe, Archer progresse au niveau du présent à mesure qu'il dévoile une affaire compromettante survenue dans le passé. Il peut s'agir d'un adultère, d'un accident ou d'un meurtre enfouis dans l'oubli, jusqu'au moment où le hasard les met partiellement au jour. Dans bien des cas, c'est un membre de la génération jeune qui fait la découverte fatale et déclenche ainsi la réaction violente de la génération des parents. Macdonald organise de vastes pans de son récit autour de telles prises de conscience. Le procédé lui permet d'évoquer les psychodrames du couple ou le conflit entre parents et enfants au sein des milieux les plus divers. Et plus il avance dans sa carrière, plus il compose des scènes poignantes de la vie familiale et sociale en Californie. Conscient de négliger quelque peu le rôle traditionnel de l'investigateur, il lui réserve ce commentaire :

« Bien qu'il soit un homme d'action, ses faits et gestes sont cependant conçus de façon à reconstituer les vies des autres personnages et d'en révéler leur signification. Il est moins homme d'action qu'homme d'interrogation et de conscience à partir desquels émergent les significations d'autres vies. »

Après Miles Archer, d'autres « œils privés » continuent à percer les ombres du crime jusqu'à ce que vérité s'ensuive. Mais ces détectives ne se soumettent plus au code éthique rigoureux de leurs prédécesseurs. Au lieu de se démarquer avec plus ou moins d'emphase d'une société déchue, ils en admettent l'existence et y adaptent leurs pratiques sinon leur morale. Tel est le cas, par exemple, de Travis McGee, inventé par **John D. Mac Donald** ou du journaliste-enquêteur Fletch de **Gregory McDonald,** personnages qui se comportent souvent d'une manière que Marlowe ou Archer auraient jugée indigne.

En faisant de cette ambivalence un choix polarisé, **Mickey Spillane** renie l'héritage chandlérien dès la fin de la deuxième guerre mondiale. A ses yeux, la population new-yorkaise est infestée d'une vermine malfaisante que seul un ange exterminateur peut réduire. Son Mike Hammer sévit une première fois dans *J'aurai ta peau* (*I the Jury,* 1947). Comme les titres anglais et français l'indiquent, il s'attribue le double rôle de juge et de bourreau auquel il restera fidèle. Toutes ses missions se déroulent selon le même schéma : un pauvre hère se fait abattre par de lâches truands. Hammer décide, sans que personne ne le lui demande, de venger l'innocent. Au moyen de ses poings et d'armes diverses, du couteau à la mitraillette, il amoncelle des montagnes de mutilés et de cadavres. Pendant de courtes trêves, il se repose sur la poitrine opulente de vamps irrésistibles. Comme ce sont souvent de parfaites diablesses, il se voit obligé de leur infliger, à elles aussi, le châtiment suprême.

La rapidité et la brutalité de l'action ne laissent ici plus de place à l'élucidation d'un mystère ou à la description d'un milieu. Mike Hammer, de l'aveu même de son auteur, comble les vœux des citoyens obsédés par la montée du taux de criminalité et les échecs de la police d'Etat. Et ce détective, suivi par de nombreux disciples, est en effet le premier à exprimer si nettement les tendances régressives et paranoïaques du lecteur de romans policiers. Il faut pourtant admettre que Spillane, qui ne fait preuve d'aucune qualité créatrice, si ce n'est qu'il sait habilement combiner des stéréotypes, atteint des tirages fabuleux. L'auteur policier le plus lu dans le monde entier a compris que la clé du succès était d'exploiter sans vergogne les possibilités de simplification et d'automatisation du genre, offertes depuis toujours à qui voulait bien s'en emparer.

II. — **Policiers et agents spéciaux**

Depuis les origines du genre, les personnes officiellement chargées d'élucider et de réprimer les crimes ont joué le rôle de souffre-douleur. Dupin, Holmes, Poirot et pratiquement tous les autres génies de la détection observent avec une indulgence dédaigneuse l'agitation toujours vaine des membres de la police. Quant aux privés, ils estiment que leurs pendants fonctionnarisés, en raison de leur inintelligence ou de leur corruption, sont incapables de venir à bout d'une affaire. Il faut attendre le milieu du XXe siècle pour que les anciens tâcherons prouvent au sein d'équipes performantes qu'ils n'ont rien à envier à leurs concurrents *free lance*.

Ed McBain (pseudonyme de Salvatore Lombino), l'auteur d'une série de romans consacrés à la brigade du

87e district, explique pourquoi il a choisi cette formule du *police procedural* : « Je préfère parler de ceux qui découvrent le crime dans la réalité. Ceci dit, j'aimais beaucoup Chandler et Hammett, mais leurs détectives privés se trouvent toujours embringués de façon trop accidentelle dans des affaires de meurtres. Et puis, de nos jours, qui fait appel aux détectives privés ? »

Dès le texte inaugural (*Du balai / Cop Hater,* 1956), McBain évoque, outre les scènes d'action forte, les interrogatoires, filatures, analyses de laboratoire, c'est-à-dire la routine d'une équipe de commissariat. Au centre de ce collectif agit l'inspecteur Steve Carella, assisté par un groupe de collaborateurs fortement typisés, tels Peter Byrnes, la force tranquille, Meyer Meyer, le juif au crâne poli, Bert Kling, le jeune fragile, Cotton Hawes, le tombeur de filles, Arthur Brown, le Noir. Plus en marge évoluent les représentants les plus divers de la profession, du sadique à l'homme de vertu en passant par le gaffeur incorrigible. Ces policiers sont chargés de contrôler le quartier d'Isola, une synthèse de plusieurs secteurs de la ville de New York et de leurs populations variées : « Le district contenait des rues comme l'élégante Silvermine Road, avec ses immeubles luxueux et leurs portiers galonnés, le Cours et son centre commercial bruyant, Ainsley Avenue et, encore plus au sud, Culver et ses taudis, ses églises désertes et ses bars bondés. Et puis Mason Avenue, que les Portoricains appelaient familièrement la *Via de Putas* » (*Soupe aux poulets / Killer's Wedge,* 1959).

La concentration d'une substance sociologique si riche dans une sphère restreinte permet d'obtenir d'innombrables figures de conflits. En un sens, c'est l'espace urbain créateur de complications sans fin qui constitue le moteur dramatique du texte. Il génère des criminels et des mobiles toujours nouveaux, au point de ressembler à une aire de jeu livrée aux caprices de mauvais garnements. Et les aventures de la Brigade du 87e, malgré les horreurs qui les ponctuent, sont parfois baignées de l'ambiance magique des contes de fées. Des gendarmes chassent des voleurs, comme l'auteur l'affirme lui-même dans *En pièces détachées* (*Jigsaw,* 1970).

La mise en scène de cette poursuite ne se déroule jamais d'après un schéma identique. Certains romans suivent l'axe d'une seule enquête, d'autres juxtaposent plusieurs investigations qui ne convergent pas nécessairement. De même, à l'intérieur de chaque segment narratif des perquisitions, planques, dépositions et rapports techniques se multiplient sans contribuer obligatoirement à la progression de l'intrigue. L'essentiel n'est pas ici de suivre pas à pas la résolution d'une énigme. Les combinaisons infinies de thèmes et de structures ouvre des vues saisissantes sur les misères et déchirements de la grande cité des temps modernes.

C'est la même ville qu'évoque **Chester Himes,** mais en focalisant l'intérêt sur un quartier réellement existant : il peint Harlem et l'humiliation permanente de sa population par des conditions de vie inhumaines. Les habitants de cet enfer ne connaissent pas l'aspect de la normalité : ils passent leur temps à mendier, se prostituer, se droguer, s'escroquer et s'entre-déchirer. Quand ils volent, ils s'emparent de butins sans valeur et quand ils tuent, ils se trompent de cible. Comme cet aveugle qui, croyant tirer sur un homme qui l'a giflé, abat un innocent (*L'aveugle au pistolet,* 1964).

Dans cet univers de la violence délirante, Ed Cercueil et Fossoyeur Jones, deux policiers noirs, cherchent à rétablir un semblant d'ordre. En fait, ils se contentent de terroriser par la brutalité et les menaces de mort la plupart des personnes qui croisent leur chemin. Ed Cercueil notamment, depuis qu'un bandit lui a brûlé la face au moyen d'un acide, brandit son revolver à la moindre occasion. Sa réputation ne laisse d'ailleurs aucun doute sur des méthodes de combat qu'il partage avec son compagnon : « Ed Cercueil avait tué un homme pris sur le fait dans une affaire de mœurs et [...] Fossoyeur avait crevé les deux yeux d'un type d'un seul coup de revolver » (*Imbroglio negro* / *All shot up,* 1960).

Les habitants de Harlem se plient certes à la force brute, mais ils considèrent avec quelque mépris l'engagement de leurs frères de couleur au sein d'une organisation soumise au pouvoir blanc. Himes lui-même était probablement conscient qu'en plein combat pour les droits des Noirs ses deux inspecteurs pouvaient apparaître comme des traîtres à la bonne cause. Aussi la manière dont il liquide ses protagonistes paraît-elle significative. Dans le roman inachevé paru sous le titre de *Plan B* (1968), Fossoyeur n'est pas d'accord avec Cercueil sur la manière de traiter un terroriste luttant contre l'Amérique blanche. Ce différend amène les deux compagnons à s'entre-tuer.

Parmi les détectives embauchés par l'Etat, il faut enfin mentionner Lemmy Caution de **Peter Cheyney.** Cet agent du FBI représente pourtant un cas difficile à classer. Inventé par un auteur anglais, il intéresse le public américain et connaît un succès triomphal auprès des lecteurs français à partir de 1945. Ceux-ci, pour une grande partie, croient découvrir le roman noir américain à travers des récits traduits par les soins de Marcel Duhamel.

En fait, les romans de Cheyney, contrairement à ceux de Hammett et de ses successeurs, ne décrivent pas la lutte pour le pouvoir ou la survie dans un grand centre urbain. Lemmy Caution n'a pas la fonction d'un œil scrutant à la surface des comportements et des objets. Il est avant tout une voix qui raconte ses prouesses de baroudeur sur un ton désinvolte et gouailleur. Entouré de femmes plantureuses et d'hommes baraqués, il se demande, cigarette à la bouche et whisky dans le sang, comment faire le départ entre ses alliés et ses adversaires. Quand le problème se clarifie, il élimine les faux-jetons par des méthodes expéditives. Comme son homologue James Bond, il considère les criminels comme des *sparring-partners* faciles à envoyer au tapis. Figure mythique de la modernité optimiste, Lemmy Caution savait plaire à un public qui s'installait dans la prospérité de l'après-guerre. Il apparaît aujourd'hui comme un sommet de la ringardise, presque grandiose d'ailleurs quand c'est Eddie Constantine qui lui prête son visage.

III. — **L'archipel noir**

Dès la première période du roman noir, certains de ses meilleurs représentants y font l'analyse d'une problématique sociale, psychologique ou politique sans nécessairement l'inscrire entre les pôles d'une énigme et de sa résolution. Certains substituent au cheminement de l'enquêteur la trajectoire d'un truand ou d'un gang entier. Ce qui intéresse de manière générale ces auteurs, c'est le fonctionnement du crime organisé, les conditions d'existence qui contraignent les hommes à violer le contrat social, ou encore les formes de déviance pathologique que provoque la civilisation industrielle au XXe siècle.

William Riley Burnett est connu en tant qu'auteur du *Petit César,* paru en 1929. Ce roman de l'ascension et de la chute d'un gangster a été rapidement considéré comme un chef-d'œuvre, grâce aussi à la mémorable prestation d'Edward G. Robinson dans la version filmique. Mais il ne s'agit là que d'un mince échantillon d'une œuvre considérable. Burnett a publié une quarantaine de titres, policiers, westerns et romans historiques, dont plus de trente ont été portés à l'écran. Il a participé par ailleurs à l'élaboration de nombreux scénarios, notamment à celui de *Scarface.*

Le regard qu'il promène sur le monde est à la fois panoramique et profond. Il saisit toujours le comportement d'un collectif en même temps qu'il montre comment en dépendent les destins individuels. Cette technique est magnifiquement illustrée dans *Quand la ville dort* (*The Asphalt Jungle,* 1949, premier volume de la *Trilogie de la jungle des villes*).

Le roman commence par la vision, dans un puissant style unanimiste, des frémissements nocturnes d'une grande cité du Middle West. Les antagonistes qui vont s'affronter dans ce cadre sont ensuite individuellement présentés au cours de brèves séquences : d'un côté les personnages qui préparent le cambriolage d'une joaillerie, de l'autre côté les protecteurs de l'ordre, du simple agent jusqu'au chef de la police. La perspective continue à se déplacer d'un acteur à l'autre pendant les différentes phases de l'opération. Aucun des personnages ne domine le jeu, que ce soit par la fréquence de ses interventions ou par l'excellence morale de son caractère. Chacun accepte de gré ou de force d'être un rouage dans l'organisme géant de la ville moderne.

Mais ces hommes, bien que décidés à aller jusqu'au bout de leur rôle, ne se réduisent jamais à des automates. Burnett, tout en observant de l'extérieur, fait aussi entendre leur voix intérieure. Ainsi Dix, son personnage à première vue le plus antipathique, apparaît-il de plus en plus comme la victime émouvante d'un destin tragique. Engagé comme tueur par ses compagnons, il se souvient avec nostalgie de sa campagne natale : « Dix se sentait rongé par l'envie de rentrer chez lui [...] Il s'était mis à haïr cette ville monstrueuse dont le pouls battait tout autour de cette petite chambre, cette ville qui l'empoisonnait, l'étouffait. » Il sera blessé à mort par un traître et ira expirer dans la région de ses rêves, à la manière de Roy Earle dans *High Sierra.* La ville aura eu raison de lui comme de tous les autres participants au cambriolage.

La passion malheureuse, le cauchemar de la culpabilité, l'autodestruction et la quête d'un idéal impossible, tels sont les thèmes fondateurs de l'œuvre de **Davis Goodis.** Si le crime y est exposé, ce n'est pas pour déclencher une enquête policière, mais pour désigner une violence fatale. Celle-ci s'enracine dans la misère psychique des personnages, dédoublée par la tristesse de l'environnement qui les tient prisonniers. Goodis choisit de préférence le décor d'une rue sordide, bordée de taudis, bordels et bars immondes. Dans ce cadre se rencontrent les paumés de toutes sortes, abrutis par la pauvreté ou minés par la douleur sentimentale. Il reste pourtant toujours un personnage qui tente de résister à cette déchéance vertigineuse en s'agrippant à une utopie de la pureté.

Comme Kerrigan dans *La lune dans le caniveau,* 1953, magiquement attiré par une tache de sang séchée sur les pavés de Vernon Street, à l'endroit où a été retrouvée sa sœur morte. Ce débardeur de Philadelphie n'arrive pas à admettre que sa sœur, « restée propre pendant les vingt-trois années de sa vie », ait pu se suicider par simple lassitude. Il préfère croire qu'elle s'est tuée à la suite d'un viol et qu'il pourra châtier un jour le coupable, de même qu'il nourrit l'illusion de rompre avec ses origines : il espère échapper à sa maîtresse vulgaire et possessive en épousant une jeune femme venue des beaux quartiers qui lui rappelle la douceur angélique de sa sœur.

Cette lutte pour un bonheur impossible s'exprime à

travers la perception subjective du héros, souvent une suite palpitante d'impressions auditives et visuelles. Des pages d'une intensité parfois onirique montrent Kerrigan tanguant vers un avenir qui lui échappe. Jusqu'au jour où il renonce à toute illusion et accepte la damnation définitive des habitants de Vernon Street : « Il avançait d'une démarche décidée qui disait à chaque pierre qu'elle se trouvait là pour qu'il marche dessus, et sûr qu'il savait bien comment marcher dans cette rue, comment prendre chaque bosse, trou et ornière dans le caniveau. »

Rares sont les protagonistes de David Goodis qui n'assistent pas avec une certaine complaisance nihiliste à leur descente aux enfers. Tout à l'opposé se situent les héros d'**Horace McCoy.** Il s'agit de rebelles qui préfèrent le martyre à l'acceptation de l'*american way of life* et de ses perversions.

Telle est l'expérience du journaliste Mike Dolan (*Un linceul n'a pas de poches,* écrit en 1935-1936, paru en 1937), qui révèle successivement les frasques impunies des enfants de riches, l'autocensure de la presse cartellisée et, enfin, les exactions du Ku Klux Klan. Pressentant les conséquences de ses enquêtes peu orthodoxes, Dolan contemple une voiture de tram « avec une insistance morbide. Il se demandait quelle impression cela pourrait bien faire de courir se jeter sous les roues [...] et combien de temps il faudrait attendre la mort ». A la fin de sa brève carrière, il obtient une réponse fort claire à la dernière question, non pas par le biais d'un tram, mais de la part d'un liquidateur qui fait voler son crâne en éclats.

McCoy lui-même n'a pas été la victime de mesures aussi radicales, mais il s'est tout de même heurté aux bouderies durables de l'Amérique bien-pensante. *Un linceul* a été édité aux Etats-Unis en 1948, dans une version conforme au goût du jour, onze ans après sa sortie en Angleterre et deux ans après sa parution dans la « Série noire » grâce à la traduction de Marcel Duhamel.

Le crime peut avancer au premier plan sans fonctionner comme générateur d'une énigme ni d'ailleurs comme problème technique à résoudre par un groupe de truands. Dans certains romans il révèle des abîmes d'insensibilité ou de cruauté destructrice. Il apparaît dès lors comme une dérogation abjecte aux lois non écrites de la communauté humaine. Le rêve de l'argent facile, la frustration sexuelle, l'inculture et l'horizon bouché d'une province perdue en favorisent l'éclosion. La répression de cette violence bestiale peut intervenir en conclusion mais ne constitue pas un des axes fondateurs du récit.

Le facteur sonne toujours deux fois (1934) de **James M. Cain** est le premier roman à montrer de manière poignante comment la rencontre fortuite d'individus sans attaches et sans conscience débouche sur une criminalité monstrueuse. Tout commence à la « Taverne des Chênes-Jumeaux », un restauroute doté d'une station-service et de quelques bungalows destinés à abriter les automobilistes fatigués. Ces bâtisses d'allure minable appartiennent à Nick Papadakis, appelé « le Grec » : un homme gras, satisfait de récolter un revenu régulier et de partager sa vie avec la belle Cora. Celle-ci, en revanche, ne rêve que de se libérer de son époux à la première occasion.

Quand le jeune vagabond Frank est embauché comme mécanicien, elle trouve un partenaire qui répond à son désir et qui l'aide bientôt à accomplir ses projets. Après une tentative ratée, les deux associés parviennent à tuer le Grec et à déguiser l'assassinat en accident de voiture. Ils échappent miraculeusement à une condamnation mais n'arrivent pas ensuite à vivre une existence harmonieuse. Cora mourra dans la voiture conduite par Frank à la suite d'une collision due à une manœuvre malencontreuse. La justice estime cette fois qu'il s'agit d'un dérapage volontaire et, en conséquence, d'un meurtre passible de la peine capitale.

Cette histoire n'aurait pas connu un succès durable, confirmé par quatre adaptations cinématographiques, si elle ne mobilisait pas constamment un ensemble d'archétypes mythiques et littéraires. Cora, par exemple, renvoie à la tradition des grandes séductrices qui aspirent l'homme dans la sphère de leur pouvoir pour le vider de son énergie vitale. Frank, en revanche, entre dans la catégorie des aventuriers naïfs que la passion physique pour une femme conduit à la déchéance.

De manière plus spécifique, il rappelle l'individu kafkaïen certain de s'enfoncer dans un piège qu'il cherche pourtant désespérément à éviter. Il se prend en effet pour un joueur astucieux, mais fait régulièrement l'expérience que des partenaires plus forts tiennent les cartes victorieuses. Même quand il se réconcilie avec Cora et croit rompre avec son passé inavouable, le destin, sous forme d'un accident de la circulation, le rappelle brutalement à l'ordre. Hébété par cet enchaînement d'horreurs absurdes, il décide de se confier. Le récit qu'il rédige dans la cellule des condamnés à mort est celui que le lecteur a suivi depuis la première ligne du *Facteur*. Le style du texte, simulant habilement le parler direct d'un homme peu raffiné, a été qualifié de pornographique par un jury bostonien. Il a bénéficié en même temps de la lecture attentive d'Albert Camus qui s'en est directement inspiré pour écrire *L'étranger*.

La déshumanisation prend une forme outrancière dans *Pas d'orchidées pour Miss Blandish* (1939) de

James Hadley Chase. Cet œuvre, malgré la nationalité anglaise de son auteur, radicalise certains motifs thématiques et stylistiques inventés par des Américains, en particulier par Cain dans *Le facteur sonne toujours deux fois,* Steinbeck dans *Des souris et des hommes* et Faulkner dans *Sanctuaire.*

Le récit ne s'attache plus ici à suivre l'évolution d'un acteur central. L'intérêt porte sur les situations variées dans lesquelles les forts écrasent les faibles : un groupe de petits truands enlèvent Miss Blandish, tuant le cavalier qui veut la défendre ; des gangsters plus organisés exécutent les concurrents et s'emparent de la jeune femme ; celle-ci est livrée au fils de la patronne des ravisseurs qui lui fait subir toutes sortes de sévices avant de la violer. Quand la police, aidée d'un détective privé, prend le dessus, elle extermine implacablement les membres du gang. Miss Blandish, psychiquement morte, met fin à ses jours en se précipitant du haut d'un gratte-ciel.

La bataille se solde par vingt-quatre morts, dont deux par suicide, et plus de vingt blessés, dont cinq par la torture. Ce déluge de violences est évoqué dans un style froidement descriptif. Des gros plans sur des actes de cruauté infâme se suivent à un rythme soutenu de sorte que la lecture se résume essentiellement à une expérience de voyeurisme. Certains, comme Orwell, ont voulu découvrir dans cette écriture le reflet d'une conception totalitaire du monde. Chase semble avoir écouté ces critiques à en croire la note placée en exergue de la version du roman actuellement distribuée par Gallimard : « L'édition actuelle a été réécrite et remaniée par l'auteur qui a estimé que le texte original, avec son ambiance 1938, ne serait plus acceptable pour ceux des lecteurs de la nouvelle génération qui avaient envie de lire le roman noir le plus controversé et le plus célèbre qui ait jamais été publié. »

Les romans de **Jim Thompson** sont des récits conduits à la première personne par un narrateur qui expose la longue série d'atrocités dont il accable ses semblables. Ce personnage ne s'inquiète à aucun moment de son immoralisme radical. Il s'observe méticuleusement en train d'accomplir une œuvre de destruction qu'aucun pouvoir supérieur ne menace de sanctionner. Ceci d'autant plus que les monstres les plus cyniques inventés par Thompson sont des représentants de la loi sinon du droit.

Tel est le cas notamment du shérif adjoint Lou Ford, qui narre ses aventures dans *Le démon dans la peau* (1952). Les 48 000 habitants de Central City, attirés ici par la découverte d'un gisement pétrolifère, ont intérêt à ne pas croiser le chemin du policier psychopathe. Car, sous un masque gentiment affable, il dissimule un mélange de frénésie sexuelle, de cupidité, de couardise et de cruauté sadique qui peut conduire à la mort de ses victimes. Le héros thompsonien jouit visiblement de franchir avec tant d'aisance la frontière de l'être et du paraître. Et, au fond, il ne fait que caricaturer une tendance générale de ses congénères à entourer de voiles bienséants la poursuite féroce de leurs ambitions les plus égoïstes.

IV. — **Le roman noir français**

Le roman policier noir apparaît d'abord en France comme un produit d'importation en provenance des Etats-Unis. Après quelques parutions erratiques dans les années 1930, c'est la « Série noire » (baptisée ainsi et graphiquement conçue par le couple Prévert, placée sous la direction de Marcel Duhamel) qui publie à partir de 1945 les grands titres américains, parfois dans d'excellentes traductions. Le succès initial de la collection est dû aux « Anglo-Américains »,

J. H. Chase et P. Cheyney. Hammett, Chandler, McCoy et consorts viennent bientôt les épauler. L'absence d'auteurs hexagonaux s'explique par le fait qu'ils se font passer initialement pour des Américains traduits en français. Ainsi, Léo Malet figure sous les noms de Frank Harding et Léo Latimer au catalogue de la collection « Minuit ». Jean Meckert, *alias* John, puis Jean Amila, entre à la « Série noire » en 1950, à condition de présenter son *Y a pas de Bon Dieu !* (n° 53) comme « adapté de l'américain ».

Les premiers à révéler une atmosphère noire typiquement française sont en fait les cinéastes. Il suffira de mentionner ici *La nuit du carrefour* de J. Renoir (1932), *La tête d'un homme* (1933) et *Pépé le Moko* (1936) de J. Duvivier — avec Pierre Renoir et Harry Baur incarnant Maigret dans les deux premières œuvres et Jean Gabin comme prototype du héros noir dans la troisième — ; ensuite *Quai des brumes* (1938) et *Le jour se lève* (1939) par le duo M. Carné et J. Prévert — Gabin étant rejoint par Michèle Morgan, Arletty, Jules Berry et Michel Simon — ; enfin *Le dernier tournant* (1939) de P. Chenal, première adaptation cinématographique de *Le facteur sonne toujours deux fois,* et *Le corbeau* (1943) d'H.-G. Clouzot et Y. Allégret.

Le roman noir français n'en est pas pour autant un simple replâtrage de l'imagerie et des techniques d'écriture rodées par le roman américain ainsi que par le film américain et français. Il a su développer des formes spécifiques qui le désignent comme une contribution originale à l'histoire du genre policier. Car, comme le cinéma avant lui déjà, il est perméable à la résurgence de certains grands courants de la littérature romanesque du XIXe siècle. La description sociologique des différentes couches de la population française et de leur parler, la lutte entre les masses laborieuses tendant à l'illégalité et les possédants cramponnés à l'ordre établi, l'espoir d'un retour à l'harmonie grâce à l'intervention d'une figure idéale, ce sont là des motifs mis en place par Balzac, Hugo, Dumas, Sue et Zola. Ils surnagent sous une forme amalgamée et atténuée dans les œuvres de Gaboriau, Leroux et Leblanc. Mais ils se décantent et prennent une coloration nette chez les meilleurs représentants du policier noir présentés ci-après.

1. **Léo Malet.** — Un détective privé : Nestor Burma, sa secrétaire : Hélène Châtelain, ses collaborateurs : Roger Zavatter et Louis Reboul, un poste de commande : l'Agence *Fiat Lux,* le pouvoir policier : Florimond Faroux, un journaliste : Marc Covet, telles sont les fonctions fixes dans l'univers de Léo Malet.

Celui-ci s'est visiblement inspiré du modèle américain, en particulier, comme il l'affirme lui-même, du tandem Perry Mason et Della Street inventé par E. S. Gardner. Quant à l'intrigue qu'il construit, elle comporte les ingrédients classiques du roman *hard-boiled* de type chandlérien. Le détective, poussé à intervenir par des clients louches, bute rapidement contre le corps d'une première victime, cherche à élucider ce mystère, se fait tabasser par les personnes inquiètes de son progrès, découvre de nouveaux cadavres et finit par démasquer les responsables de ces crimes, souvent commis pour s'assurer du silence sur un scandale enfoui dans le passé. Cet enquêteur, comme ses parrains d'outre-Atlantique, est sensible aux charmes de jeunes créatures fragiles, dont il ne peut, cependant, empêcher l'assassinat. Face à la corruption du corps social généralement admise, il réagit par une attitude d'inadapté, exprimée surtout par le sarcasme verbal. Quant à la police, il craint ses procédés expéditifs et son bureaucratisme vétilleux, mais il finit toujours par s'arranger avec elle.

Le parallèle avec le roman noir américain ne va

cependant pas plus loin. Le détective de Malet est devenu authentique et vivant parce qu'il participe de la conjoncture idéologique, historique et artistique de la France entre 1930 et 1950. Burma, en effet, fait son entrée en scène en pleine période de l'occupation à Lyon (*120, rue de la Gare,* 1943). C'est ici qu'il débarque d'un train de prisonniers de guerre rapatriés d'Allemagne et se fait entraîner dans une affaire de meurtres aussi sombre que compliquée.

Léo Malet, d'emblée, sait créer l'ambiance envoûtante qui le singularise. Il découvre une magie secrète derrière les apparences grises et souvent nocturnes de la cité moderne et sous les rituels figés de la vie quotidienne. Quand, en 1954, il concentre son regard sur le paysage parisien et décide de consacrer à chaque arrondissement de la capitale une histoire policière, il formule un projet parfaitement accordé à sa sensibilité créatrice : « Il y avait certainement quelque chose à faire avec un si prestigieux décor, plutôt négligé depuis que les auteurs de *Fantômas* et Louis Feuillade, au cinéma, l'avaient *vraiment* utilisé. »

Il en résulte *Les nouveaux mystères de Paris,* un cycle de quinze aventures de Nestor Burma qui met son nez partout, sauf dans les VIIe, XIe, XVIIIe, XIXe et XXe arrondissements. Son parcours est jalonné de cadavres, certes, mais davantage encore de références littéraires, cinématographiques et historico-politiques.

C'est notamment par l'irruption de l'imaginaire surréaliste, sans secret pour Malet, que l'enquête de Burma coïncide souvent avec une recherche poétique de l'insolite. Le détective, en effet, n'évoque pas seulement les images oniriques des cauchemars qu'il fait régulièrement après avoir été mis hors de combat. Il est constamment attentif aux parfums évanescents, aux bruits assourdis, aux phrases tronquées, aux objets incomplets ou déformés, aux révélateurs partiels et aux indices indirects du corps humain. Fidèle à la leçon de Breton et d'Aragon, il sait que le fragment est un médiateur idéal, à la fois résidu matériel, incomplétude mystérieuse et promesse d'une réalité supérieure.

Burma perçoit le monde comme une juxtaposition de détails, jamais comme une totalité cohérente. La beauté féminine lui semble parfaitement signalée par un bas de nylon à la couture rectiligne ou par une culotte ourlée de dentelle provenant de la boutique de Diana Slip. D'une manière symétrique, la laideur lui apparaît par le biais d'images partielles d'un corps difforme, comme, par exemple, dans *Brouillard au pont de Tolbiac* (1956) : « Un postère comme je n'en ai jamais rencontré, un fiass monumental, énorme, l'équivalent de quatre citrouilles phénomènes, me bouchaient positivement l'horizon. »

Ce sont des aspects particuliers et à première vue isolés que Burma enregistre en attendant de les intégrer à une chaîne associative. Quand il entend pour la première fois le nom de *Ballin*, il réagit ainsi : « Je ne demandai pas qui était Ballin. Comme il ne s'agissait vraisemblablement pas de l'ancienne actrice de cinéma prénommée Mireille, je m'en foutais. » Mais il ne tardera pas à apprendre qu'il est question d'un policier en retraite qui pourchasse, comme lui-même, les fantômes d'un passé lointain. A d'autres moments, un simple nom de rue provoque de sa part un jeu sur les mots qui creuse ironiquement l'écart entre le sens d'une désignation et son référent : « Passage des Hautes-Formes ! Chapeau ! De droite et de gauche, ce n'étaient que pavillons d'une modestie confinant à l'humilité [...]. »

Ainsi se forme progressivement un tissu d'événements, de données descriptives et d'informations rétrospectives. Cet ensemble s'organise autour d'un centre symbolique, de préférence une caractéristique architecturale d'un arrondissement : l'hôtel de style grand-bourgeois dans *Pas de bavards à la Muette* (1956), l'espace muséal dans *Le soleil naît derrière le Louvre* (1954), la gare de l'Est ou « du cafard » dans *M'as-tu-vu en cadavre ?* (1956), le parc et le réservoir d'eau dans *Les rats de Montsouris* (1955). Le plus évocateur de ces sites urbains, c'est incontestablement le pont de Tolbiac aux arceaux métalliques rendus luisants par la brume nocturne. Il inspire à Malet quelques-uns de ses meilleurs passages atmosphériques, génialement adaptés dans la bande dessinée de Jacques Tardi.

2. **Représentants du style parlé.** — Dès les premières traductions de Peter Cheyney par Marcel Duhamel et Boris Vian, le récit policier écrit dans un style argotique rencontre la faveur du public français. Il s'ensuit que toute une série d'écrivains autochtones se placent rapidement sur ce créneau. Pour la plupart, ils s'intéressent aux membres du « milieu », observés pendant leur incarcération, en train d'organiser un casse ou de se battre avec une bande rivale.

Dans *Touchez pas au grisbi* (1953), **Albert Simonin** évoque dans un *slang* plutôt bon enfant la lutte entre truands parisiens qui cherchent à s'approprier une grosse somme d'argent. Le narrateur Max et ses compagnons, respectueux d'un code de l'honneur, s'affrontent à des adversaires sans scrupules. Quand les vilenies de ces malfrats aux noms espagnols, italiens et nord-africains passent la mesure, Max procède à leur liquidation. Le film, avec Jeanne Moreau, Jean Gabin et Lino Ventura, a connu une diffusion plus importante que le roman.

Du rififi chez les hommes d'**Auguste Le Breton** est devenu célèbre en raison de la méthode originale que des cambrioleurs utilisent pour pénétrer dans une bijouterie. Ceux-ci doivent ensuite défendre leur butin contre un gang concurrent. La guerre qui en résulte ne laisse pas de survivants. Ici encore, le film, réalisé par Jules Dassin, remporte un succès plus large que le roman. La version cinématographique bénéficie du dynamisme des images alors que l'écriture monocorde du texte est redevable tout entière au style argotique et, en conséquence, menace de lasser assez rapidement le lecteur.

C'est un danger auquel n'échappe pas non plus **José Giovanni** (*Le trou,* 1957). Léo Malet, en revanche, l'a contourné puisqu'il a choisi de varier les sociolectes et de faire cohabiter le registre parlé et les modes narratifs traditionnels.

Quant à **Frédéric Dard,** il a su l'éviter parce qu'il ne reproduit pas le parler d'un groupe sociologiquement et historiquement spécifié. L'inventeur de San Antonio exploite le potentiel lexicologique et sémantique de la langue française dans son étendue et sa profondeur. A cette fin, il installe un système de rôles fixes qui s'organisent autour du commissaire-narrateur, directement calqué sur le Lemmy Caution de Peter Cheyney. Les personnages annexes parlent chacun un langage pittoresque dont les effets sont amplifiés par le commentaire truculent de l'énonciateur principal. Celui-ci accumule les calembours, inventions verbales, parodies et clins d'œil de toutes sortes, au point de faire oublier presque complètement sa fonction d'enquêteur dans une affaire criminelle. Né en 1952 avec *Réglez-lui son compte,* San Antonio figure dans plus de 100 romans tirés à 600 000 exemplaires au moins, l'ensemble formant presque à lui seul la collection « Fleuve noir ».

3. **Jean Amila, Francis Ryck.** — Parmi les romanciers noirs de la période comprise entre 1945 et 1968, deux auteurs font des choix thématiques et formels qui les différencient de leurs collègues.

Jean Amila révèle dans tous ses textes les conséquences perverses de l'inégalité sociale et la révolte désespérée qu'elle provoque de la part des opprimés. Que ce soit dans *Y a pas de Bon Dieu* (v. plus haut), *Les loups dans la bergerie* (1959) ou *La lune d'Omaha* (1962), il observe avec une précision impitoyable comment un milieu, un cadre idéologique et une conjoncture historique rejettent l'individu dans une marginalité violente. La guerre surtout lui apparaît comme la tricherie suprême exigeant le sacrifice de millions d'hommes au nom d'un idéal patriotique qui sert au premier chef les dominants. Tel est aussi son propos dans *Le boucher des Hurlus* (1982), roman en partie autobiographique : en 1918, un jeune orphelin décide de tuer le général qui a fait fusiller son père pour l'exemple.

Francis Ryck, enfin, est un auteur inclassable puisqu'il combine les formes du roman d'espionnage avec l'analyse psychologique et l'évocation d'une ambiance noire. Il s'intéresse au premier chef à des agents secrets et des tueurs professionnels. Mais ces personnages ne deviennent pas chez lui les moteurs d'une action forte. Ils sont présentés comme de froids spécialistes d'un métier rare, qui préfèrent les attitudes contemplatives aux engagements violents. Derrière une surface sociable, ils éprouvent un sentiment de vide et d'étrangeté au monde. De sorte que, dans bien des cas, ils considèrent l'assassinat de l'autre comme un corollaire de leur propre marche vers l'autodestruction. Cette figure du perdant intervient dès *Opération Milibar* (1966). Elle est magistralement mise en scène dans *Autobiographie d'un tueur professionnel* (1987). Entre la parution de ces deux titres, les auteurs du nouveau roman noir français (v. chap. VII) ont le temps d'émerger. Il est indéniable que F. Ryck leur a préparé le terrain.

Chapitre V

SIMENON

Rares sont les enquêteurs que la notoriété élève au rang de figures mythiques. Les membres à part entière de ce club très exclusif s'appellent Sherlock Holmes, Hercule Poirot, Philip Marlowe et Jules Maigret. Le commissaire créé par Georges Simenon ne ressemble cependant à aucun de ses confrères dont le prestige va de pair avec l'indépendance et l'extravagance. Il est un fonctionnaire, haut placé il est vrai, puisqu'il occupe le rang de commissaire divisionnaire à la Police judiciaire de Paris. Si son statut professionnel semble peu original, il lui donne cependant les moyens de profiter de la technologie policière moderne. Maigret est le premier enquêteur, dans toute l'histoire du genre, à se faire assister d'une équipe d'inspecteurs et de spécialistes en criminalistique tels que l'archiviste, le chimiste, le médecin légiste.

Le crime devient dans ce contexte un incident banal et répétitif qui déclenche d'abord une opération de routine de la part de l'appareil policier. Un cadavre gisant sur les pavés humides d'une ruelle obscure ou retiré des eaux vaseuses d'un canal est systématiquement soumis à une procédure d'identification avant de susciter le moindre réflexe de détection. Et il est vrai que Maigret ne déploie pas une activité fébrile quand il est appelé sur les lieux du crime. Sauf dans ses premières enquêtes, où il lui arrive de s'engager dans une action violente, il se contente d'attendre et d'observer jusqu'à ce que les premiers éléments ainsi captés commencent à faire sens.

Le commissaire intervient dans 75 romans parus successivement chez Fayard (1929-1933, premier titre : *Pietr-le-Letton*), Gallimard (1938-1941) et aux Presses de la Cité (1945-1973, dernier titre : *Maigret et M. Charles*). Il est aisé de se familiariser avec ce personnage bien caractérisé par sa sensibilité mais aussi par des aspects extérieurs, comme par exemple son physique, ses comportements ritualisés, ou encore sa relation avec son épouse. Maigret, de toute évidence, ne se réduit ni à une fonction intellectuelle, comme les maîtres de la déduction, ni à une conscience tendue vers l'action, comme la plupart des détectives du roman noir. Il possède une identité humaine complète et, en particulier, une remarquable profondeur psychologique et spirituelle.

De sorte qu'à bien des égards il apparaît comme un double idéalisé de son créateur. Simenon était bien conscient du fait que son commissaire devait son existence à un phénomène de compénétration du biographique et de l'imaginaire. Pour le souligner et s'en amuser du même coup, il a composé en 1950 *Les mémoires de Maigret*. Dans ce texte, un commissaire assez paternaliste accueille avec bienveillance le journaliste débutant Georges Sim qui va le transformer en figure de roman. Ainsi se déclenche un jeu de reflets et de renvois qui établit entre le créateur et sa création un rapport de génération simultanée. Œuvre fictionnelle et reconstruction historique forment ici la parfaite symbiose qu'on appelle le mythe.

Maigret doit à cette position spécifique sa stature grandiose : il est en fait le seul héros authentique de tous les romans de Simenon. Mais sa souveraineté ne lui confère pas pour autant une capacité déductive extraordinaire. Il prend toujours la peine, dans une première phase de son enquête, d'accumuler patiemment le plus grand nombre d'indices possible. Il se donne ensuite le temps de procéder à des vérifications et d'élaborer des hypothèses provisoires. Pendant la phase ultime seulement, il s'appuie sur un scénario plausible du crime qui lui permet de passer à l'interrogatoire du coupable et de le faire avouer.

Dans *Maigret et le corps sans tête* (1955), par exemple, cette structure en trois temps est bien visible : le commissaire observe passivement un plongeur en train de chercher au fond du canal Saint-Martin les membres manquants d'un tronc masculin auparavant repêché par des mariniers. Il se fait communiquer ensuite le résultat des analyses : l'homme sans tête doit avoir travaillé dans un débit de vin. Durant la deuxième période, il passe de longs moments en compagnie d'une tenancière de bistrot dont le mari a disparu. Quand il découvre l'amant de cette femme, il sait qu'il tient les deux meurtriers complices. Enfin, dans un dernier temps, il se procure des informations susceptibles d'établir la culpabilité définitive des suspects.

L'enquête suit de manière assez fidèle le schéma du roman à énigme. Et il ne fait pas de doute que c'est en imitant ce modèle que Simenon a appris à maîtriser l'écriture policière. Mais il est tout aussi évident que son enquêteur ne se contente pas d'emprunter la voie classique menant d'une énigme à sa solution logique. Il a même tendance à mépriser cette démarche quand elle élimine toute autre approche, défaut qu'il reproche au juge d'instruction Coméliau. La véritable force de Maigret lui vient de son don de communiquer, voire de communier avec le monde. Avant la moindre analyse-action rationnelle, il capte des impressions atmosphériques : cycles journaliers ou saisonniers, changements de temps, automatismes de la vie quotidienne, ambiance d'un lieu. A travers son regard, se révèle la vitalité d'un espace et d'un milieu telle que le genre policier ne l'a pas connue auparavant.

Quant aux personnages qui éveillent sa curiosité, Maigret, contrairement à la plupart de ses confrères, ne cherche pas à les dominer par la parole. Il les écoute d'abord, les engage ensuite à accompagner ses réflexions plutôt que de les harceler par des questions provocatrices. Il s'agit pour lui, comme il ne cesse de le répéter, de comprendre ses semblables et non pas de les juger.

Maigret entreprend une investigation sur les motifs profonds davantage que sur les mobiles utilitaires d'une action criminelle. Il est à la recherche de cet « homme nu » dont Simenon a toujours déclaré qu'il représentait l'objet majeur de sa volonté de connaissance. C'est bien la raison pour laquelle le cycle policier ne constitue pas une entité à part mais procède des mêmes options fondamentales que les romans sans Maigret, appelés « romans de la destinée ».

Dans la plupart des récits de Simenon se développe en effet un drame de la transgression sur la base d'un schéma relationnel toujours identique. D'un côté, les personnages se définissent, à différents niveaux et au sein de communautés variables, par leur position dans une hiérarchie de dominants et de dominés. De l'autre côté, ils sont perçus comme étroitement dépendants de leur milieu d'origine. La protestation contre l'une ou l'autre de ces contraintes prend souvent la forme du crime et introduit une cassure irréparable dans la destinée du révolté. Dans les romans sans enquêteur, la lutte est souvent menée par un solitaire qui s'observe en train de s'autodétruire. Dans les « Maigret », en revanche, le commissaire recueille le témoignage des déchus et les aide fréquemment à ressentir l'aveu comme une réconciliation avec eux-mêmes sinon avec l'ordre rejeté.

L'enquêteur de Simenon a légué certains de ses traits à des confrères d'invention plus récente, comme, par exemple, l'inspecteur Van der Valk de Nicolas Freeling. Il a peut-être même contribué à enrichir le profil sociologique et comportemental du lieutenant Columbo.

Mais dans sa nature essentielle il n'a été assimilé et transposé que par le Suisse **Friedrich Glauser.** Son inspecteur Studer est, comme Maigret, un « raccommodeur de destinées ». Il sait déceler sous le propos arrogant du puissant ou derrière le silence crispé des humbles les instincts crus de l'animal humain. Et une fois cette réalité mise au jour, il préfère que le coupable se fasse justice avant que les tribunaux ne s'en emparent. Studer, malgré son air calme, mobilise au cours d'une enquête la totalité de ses ressources psychiques et physiques. Il semble se fondre dans l'ambiance d'un lieu, il est noyé sous la pluie qui s'abat sur les fermes de l'Emmental ou brûlé par le soleil reflété sur un carreau de fenêtre (voir par exemple *L'inspecteur Studer,* 1936).

Il est visible dans de tels passages que l'écriture de Glauser, à l'instar de celle de Simenon, transcende la banalité apparente d'un cadre pour en révéler la dimension onirique. Le genre policier s'ouvre ici à la création poétique. Le monde évoqué ne se confond plus dès lors avec un décor arrangé qui doit faciliter la compréhension d'une intrigue. Univers plein, animé d'une énergie propre, c'est lui au contraire qui suscite le drame criminel et détermine la démarche de l'enquêteur.

Chapitre VI

LE ROMAN A SUSPENSE

Une structure contraignante semble dominer le genre policier dans les années 1920. A la même époque, le roman noir est déjà en train d'émerger, sans se soucier d'une norme générique préalablement fixée. Il fait du crime un moment au lieu d'une simple condition de l'enquête ; il évoque des personnages et des milieux d'une grande diversité, de sorte que l'élucidation d'un mystère n'apparaît plus comme son seul axe fondateur.

Dans cette riche palette, il ne manque plus que le récit de l'individu traqué. Le roman à suspense comble cette lacune. Celui-ci présente des existences humaines fragilisées par la menace. Il ne permet pas au lecteur d'observer à bonne distance la clarification d'un meurtre ou le déroulement spectaculaire d'un processus criminel. Il lui demande de s'identifier avec un être qui lutte pour sa survie physique et psychique. La question est ici de savoir si la victime — qui peut être coupable en même temps — va échapper au piège en train de se fermer sur elle. Proche de l'histoire d'épouvante, le roman à suspense ne se confond pas avec elle. Il recourt régulièrement aux procédés classiques du récit policier, comme par exemple le mystère ou l'enquête, mais les subordonne aux visées du protagoniste.

Le roman à suspense ne correspond cependant pas à un modèle stable. Sa principale caractéristique est de proposer une analyse psychologique ou une étude comportementale d'un personnage complexe. Il envisage le destin humain comme une problématique ouverte et non pas comme un condensé d'actions finalisées. Ce qui lui fait partager certaines des préoccupations majeures de la littérature romanesque au XXe siècle. Et, inversement, plusieurs des grands représentants de cette littérature s'emparent de la forme policière pour y déployer une réflexion de type psychologique, morale ou philosophique.

William Irish surprend ses héros au moment où s'effondrent l'équilibre et la normalité de leur existence. Il peut s'agir d'innocents que des circonstances malencontreuses font apparaître comme coupables d'un crime. Seule l'intervention d'une âme solidaire, prête à enquêter pour leur compte, peut les sauver de l'exécution (*Lady fantôme,* 1942, adapté au cinéma par R. Siodmak). Il arrive aussi qu'un personnage observe un individu en train de commettre un meurtre ou d'en dissimuler les traces. Sa curiosité lui vaut d'être agressé par l'assassin (*Fenêtre sur cour,* 1945, adapté par A. Hitchcock). Dans un autre cas de figure, le ou la protagoniste change d'identité pour échapper à une situation de détresse. Son effort vise alors à maintenir l'artifice de plus en plus mis en doute (*J'ai épousé une ombre,* 1948 ; *La mariée était en noir,* 1940, adapté au cinéma par F. Truffaut).

Qu'ils soient innocents, coupables ou entre deux eaux, tous ces acteurs peuvent compter sur la sympathie du lecteur parce qu'ils sont engagés dans un combat de l'amour contre la mort. La lutte acharnée qu'ils livrent aux pouvoirs maléfiques leur confère une aura sublime. L'angoisse du néant les tient certes prisonniers du début et parfois au-delà de la fin de l'histoire ; mais leur courage les transfigure et leur permet d'accepter leur culpabilité originaire.

Le cauchemar qu'ils traversent se déroule fréquemment selon un scénario identique. Dans *J'ai épousé une ombre,* deux femmes, Helen et Patricia, se rencontrent dans un train et sympathisent. La première est pauvre, abandonnée par l'homme de qui elle attend un enfant. La seconde est riche, également enceinte et aimée de son mari. Tout baigne d'abord dans une ambiance de sérénité dans laquelle seuls des signaux à peine perceptibles annoncent un drame : « Toutes deux faisaient de petites choses. La vie est faite de cela : d'un accomplissement continu de petites choses. Et brusquement une grande chose s'abat au milieu d'elles — et où sont alors les petites choses, que deviennent-elles, qu'étaient-elles ! »

Soudain les destins s'infléchissent : le train déraille, Patricia et son mari meurent dans la catastrophe, Helen survit. Elle comprend qu'à la suite d'une série de coïncidences on la confond avec son amie décédée. Pour assurer l'avenir de son enfant, elle décide de se glisser dans la peau de Patricia et d'entrer dans la belle-famille de celle-ci. Ainsi sont fixés les termes d'une épreuve. Alors que dans d'autres romans d'Irish un innocent injustement accusé cherche à rétablir la vérité, Helen-Patricia fait tout pour la dissimuler. Quand celle-ci est soumise, de surcroît, aux pressions d'un maître-chanteur, son combat se déroule par référence à un point de non-retour, limite comparable à celle de l'exécution qui menace un innocent. La fin du roman est singulièrement ambiguë. Au moment où la vérité se fait jour, le persécuteur est tué sans que soit dévoilé son meurtrier. Helen et ses alliés sont condamnés à se suspecter les uns les autres, un peu à la manière des habitants de l'enfer dans *Huis clos.*

Pierre Boileau et **Thomas Narcejac** ont rendu hommage à Irish. Ils lui reprochent néanmoins d'avoir trop insisté sur la seule psychologie de la victime, en négligeant quelque peu les éléments fondateurs du récit policier, telles l'énigme et son élucidation. Pour eux, il s'agit de maintenir ces deux pôles sans renoncer pour autant à la perspective et au rôle central de la victime. C'est pourquoi ils tendent avec un soin particulier le piège dans lequel un innocent va s'empêtrer. Celui-ci doit avoir l'impression d'être l'enjeu de forces surnaturelles, alors qu'il fonctionne comme un pion dans une stratégie criminelle : « La logique inefficace de la victime est impuissante devant la logique souterraine et implacable de l'intrigue », écrivent Boileau-Narcejac.

Leurs meilleurs romans, comme *Celle qui n'était plus* (1952, adapté au cinéma par H.-G. Clouzot sous le titre *Les diaboliques*) ou *D'entre les morts* (1954, adapté au cinéma par A. Hitchcock sous le titre *Vertigo,* devenu *Sueurs froides* pour la version française), illustrent la conception théorique exposée ci-dessus. Le dernier roman passe à juste titre pour un sommet de la littérature policière.

Le raffinement particulier de ce texte réside d'abord dans la conception de l'intrigue. Un homme d'affaires, Gévigne, souhaite se débarrasser de son épouse Madeleine. Il arrange une entrevue avec Flavières, un ancien camarade d'école dont il a suivi la carrière de détective reconverti en avocat, pour lui communiquer son inquiétude au sujet de certains comportements mystérieux de Madeleine. Il prie Flavières de surveiller sa femme qui, en réalité, n'est qu'une complice chargée de jouer le rôle de Mme Gévigne. La fausse épouse fait semblant de se précipiter du haut d'un clocher d'église, sachant que son protecteur ne peut la suivre là-haut en raison de ses crises de vertige. En fait, Gévigne, à ce moment, balance dans le vide le cadavre de sa femme auparavant assassinée.

L'opération criminelle proprement dite est ainsi achevée. Elle va peser néanmoins d'un poids écrasant sur le destin de Flavières qui a assisté en témoin impuissant à la mort (simulée) de la femme dont il s'est épris. Le plan de Gévigne avait certes prévu la défaillance de l'avocat comme un moment stratégiquement décisif, mais sans prendre en compte son engagement sentimental. Flavières s'enfonce si profondément dans le piège qu'il croit que Madeleine a obéi à un appel venu du royaume des morts. Il se persuade qu'un jour elle se réincarnera sous un autre nom. Replongeant dans les souvenirs traumatiques de son enfance, il cherche à expliquer par le surnaturel des événements rationnellement organisés.

Quand l'image de la femme aimée réapparaît soudain dans une séquence des actualités cinématographiques, il voit son intuition confirmée. Après avoir retrouvé cette personne, qui prétend se nommer Renée Sourange, il la contraint à redevenir Madeleine. Le rapport de forces s'est inversé : de manipulé, Flavières se mue en manipulateur. La femme, désormais victime à son tour, finit par craquer et révèle son activité de complice dans le meurtre de Mme Gévigne. Mais Flavières, à l'opposé du héros de Hitchcock, nie cette version des faits. Il préfère étrangler celle qu'il appelle toujours Madeleine, la renvoyant dans l'univers fantomatique d'où il compte la ressusciter un jour.

« L'extrême logique, c'est peut-être ce qu'on nomme la folie », affirme-t-il peu avant le paroxysme final. Par cette formule, il caractérise parfaitement son parcours, inédit dans l'histoire du roman policier par le syncrétisme des fonctions qu'il implique : passé du double rôle de témoin et victime à celui d'enquêteur-inquisiteur, il finit sa carrière en tant que meurtrier.

Boileau-Narcejac ont fourni une démonstration brillante sur les variations et reclassements dont pouvaient faire l'objet les thèmes et formes de l'écriture policière. Avec eux, la spécificité du genre par rapport à d'autres types de fiction tend à s'estomper alors que ses divisions internes s'effacent à la suite d'interférences multiples. On voit alors émerger des créateurs de plus en plus nombreux qui exploitent les structures du roman policier sans en revendiquer nécessairement la tradition ni le pouvoir distinctif.

Tel est le cas de **Sébastien Japrisot.** Très marqué par les innovations formelles de Boileau-Narcejac, il joue à son tour sur les possibles du récit policier. Dans *Piège pour Cendrillon* (1962), il présente une héroïne simultanément victime, témoin, coupable et détective. Il continue ce type d'expérience dans *L'été meurtrier* (1977, porté à l'écran par Jean Becker). La protagoniste de ce roman croit qu'elle est née à la suite d'un viol collectif subi par sa mère et organise une vengeance contre ceux qu'elle prend, à tort, pour les malfaiteurs. La concentration des fonctions clés du roman policier sur un même personnage s'avère un puissant moyen pour mettre en scène un psychodrame intense. Les héroïnes de Japrisot, à travers l'enquête et le crime, cherchent à atteindre et à articuler leur identité profonde, fût-ce au prix de l'autodestruction.

Avec **Patricia Highsmith,** les derniers résidus du schéma policier semblent se dissoudre et faire place à des matériaux représentatifs de la création romanesque moderne au sens large. Il n'y a plus ici de détective, ni même de personnage-victime dont la tâche serait de lutter contre une conspiration de malfaiteurs. Dès les premières scènes, le lecteur connaît mieux le meurtrier que toute autre personne. Et, de surcroît, il partage l'espoir du coupable que son forfait ne sera pas sanctionné.

Il est vrai que les criminels imaginés par P. Highsmith se dérobent à la condamnation du lecteur, parce qu'ils semblent ignorer le moindre engagement sentimental ou moral. L'amour, la haine, la culpabilité deviennent pour eux sympathie, irritation, gêne. Leur principal souci est de répondre efficacement aux défis de la vie moderne. Comme celle-ci invite à réaliser les ambitions personnelles au détriment de toute considération éthique, ils poursuivent leur but sans se laisser inhiber par des interdits aprioriques. Ils ne font, après tout, qu'exploiter jusqu'au bout la logique du système socio-économique dans lequel ils vivent. Et, ainsi, le meurtre peut leur apparaître comme une mesure nécessaire parce que pragmatiquement adéquate. Ces étranges alliages, dans le même individu, du conformisme le plus platement contemporain avec l'égoïsme destructeur le plus férocement archaïque sont narrés dans un style behaviouriste constamment empreint de subtile ironie.

Dès *L'inconnu du Nord-Express* (*Strangers on a train,* 1950, porté à l'écran par A. Hitchcock), P. Highsmith évoque deux personnages qui traitent l'assassinat comme l'objet d'une négociation commerciale, complètement détachée des existences humaines mises en jeu. Mais c'est avec Tom Ripley qu'elle crée la figure la plus symptomatique de son univers.

Ce personnage, âgé de 26 ans, essaie de survivre à New York en envoyant à des contribuables de fausses factures d'impôts. La chance lui sourit quand M. Greenleaf le prie de lui ramener son fils Dickie, établi en Italie. Ripley part en Europe, assassine Dickie et accapare sa fortune au moyen d'un faux testament (*Monsieur Ripley / The Talented Mr. Ripley,* 1955).

Avec cet argent, il s'achète une propriété à Villeperce, près de Fontainebleau, où il s'installe en compagnie de son épouse Héloïse et d'une gouvernante, Mme Annette. Il s'applique désormais, d'entente avec des amis londoniens, à écouler des tableaux contrefaits. Quand un trouble-fête menace de dévoiler le pot-aux-roses, il le tue et jette son cadavre dans le Loing (*Ripley et les ombres* / *Ripley under ground,* 1970). Dans un troisième épisode, il promet à un ami en difficulté de liquider deux mafiosi contre une récompense substantielle. Assisté d'un compagnon qui a besoin de financer un traitement médical coûteux, il accomplit brillamment cette mission (*Ripley s'amuse* / *Ripley's Game,* 1974, porté à l'écran par Wim Wenders sous le titre *L'ami américain*). Le quatrième épisode, outre de nouvelles complications criminelles, évoque la rencontre de Ripley et d'un jeune homme qui vient d'assassiner son père. C'est l'occasion pour le routinier de faire profiter le débutant de sa grande expérience en la matière (*Sur les pas de Ripley* / *The Boy who followed Ripley,* 1980). Enfin, dans son aventure la plus récente, Ripley se débarrasse avec succès d'un couple de gêneurs qui s'amusent à lui rappeler ses méfaits passés (*Ripley entre deux eaux* / *Ripley under water,* 1992).

Ripley fascine de plusieurs manières. D'un côté, le personnage traverse une série d'épreuves. Il lutte en permanence contre les séquelles de ses crimes, soit qu'il est menacé par les associés de ses victimes, soit qu'il s'expose à la curiosité de la police. C'est à ce niveau que s'installe une structure à suspense qui permet d'attribuer la série des Ripley au genre policier. D'un autre côté, le personnage, par son profil psychosocial et comportemental, représente un cas d'aliénation aussi extrême que celui de Roquentin ou Meursault. Mais, contrairement à eux, il adore le charme discret de l'existence bourgeoise. Ripley jardine avec dévouement, choisit son mobilier avec raffinement, ne manifeste pas d'appétit sexuel face à la belle Héloïse et se retire de la cuisine quand il voit Mme Annette plonger des homards dans une casserole d'eau bouillante. Ce gentleman-farmer aime ses aises. Il déteste d'autant plus qu'un importun vienne les troubler. A ce moment, il devient un monstre de violence et élimine l'intrus avec une détermination foudroyante. Figure prophétique du XXe siècle finissant, il préfère à la guerre classique la stratégie des « coupes chirurgicales » : l'opération réussit, le patient en meurt et le médecin s'en lave les mains.

Les personnages du roman policier, quelles que soient leurs fonctions, apparaissent généralement comme responsables de leur destin. Ils croient en leur faculté d'intervenir dans le monde ou, du moins, d'en relever les défis. Telle n'est plus la conception de **Friedrich Dürrenmatt.**

Les figures qu'il construit ne se déterminent pas au premier chef par leur engagement pragmatique dans une affaire criminelle. Elles sont les enjeux d'un ordre cosmique, obéissant involontairement et aveuglément aux desseins d'un Dieu caché. Placé sur le fond de cette philosophie, le roman policier se voit soutirer certaines des bases de son fonctionnement traditionnel. Il lui est impossible, notamment, de représenter dans sa forme ritualisé le combat entre le bien et le mal.

Ainsi les criminels de Dürrenmatt ne suivent-ils pas un objectif stratégiquement défini. Ils assument la suprême liberté et, en même temps, la monstrueuse responsabilité de tuer parce qu'une puissance transcendante leur a assigné ce rôle. Gastmann, dans *Le juge et son bourreau* (1950), commet d'innombrables meurtres dans le but de prouver que de tels actes échappent totalement aux châtiments prévus par la justice humaine. Le Dr Hungertobel (*Le soupçon,* 1952) et

Albert Schrott dans *La promesse* (1958) relèvent d'une espèce similaire. L'un, après avoir pratiqué l'opération sans narcose dans un camp de concentration, continue après la guerre à sévir de plus belle dans une clinique suisse. L'autre égorge des petites filles qui se promènent seules.

Les commissaires qui mènent le combat contre ces monstres n'ont aucune chance d'aboutir avec les moyens classiques de l'enquête. Bärlach (dans *Le juge et le bourreau* et *Le soupçon*) l'a si bien compris qu'il retourne les armes de ses adversaires contre eux. Il s'en remet aux hasards que le ciel lui envoie sous la forme de justiciers providentiels. Quant à Matthäi (dans *La promesse*), il est puni pour ne pas avoir assimilé cette leçon : confiant dans ses compétences de policier, il lance un appât au violeur de petites filles. Celui-ci y mord, mais, avant de tomber définitivement dans le piège, le hasard veut qu'il meure dans un accident de voiture.

Tous ces récits ne sont pas dépourvus de suspense grâce à l'intensité avec laquelle les commissaires cherchent à faire triompher leur cause. Il n'en reste pas moins que ces héros échouent lamentablement tant qu'ils se limitent à l'enquête rationnelle que le genre policier a pourtant révélé comme une de leurs démarches essentielles. Aussi Dürrenmatt a-t-il choisi de donner à *La promesse* le sous-titre de « Requiem pour le roman policier ».

Chapitre VII

LA PÉRIODE RÉCENTE

« Le polar est mort, mais il ne le sait pas, ou feint de l'ignorer. Il bouge encore, c'est certain, et a parfois de belles érections — comme le saint Eloi de la chanson, patron des orfèvres et du prix policier du Quai du même nom. Il vaque, il titube, il se cogne, c'est un zombi, un mort-vivant en réanimation prolongée et pour lequel [...] la science n'a pas encore dit son dernier mot. » Tel est le propos d'Alain Demouzon formulé dans une lettre ouverte qui paraît en 1988. D'après lui, Poirot, Marlowe et Maigret formeraient un trio de détectives authentiques sous l'autorité desquels se placeraient tous les héros de romans policiers ultérieurs. Le genre serait désormais incapable d'accoucher d'espèces nouvelles ; il se bornerait à s'affirmer en tant que monument par le biais de rééditions d'un côté, de réarrangements internes de l'autre.

Il est indéniable, en effet, que la production des vingt dernières années ne révèle à aucun moment l'épanouissement d'un type de composition inédit. La très grande majorité des créations tant soit peu originales de cette période investissent le modèle narratif du roman noir : un enquêteur privé ou fonctionnarisé, en même temps qu'il élucide un crime, dévoile les aspects d'un milieu et/ou d'une problématique socio-historique spécifiques.

La diffusion d'un schéma romanesque relativement uniforme n'empêche pas pour autant que des œuvres de grande qualité en dérivent. Il semble même que le figement des formes fondatrices, originairement rattachées à des sphères culturelles déterminées, suscite une importante création dans des pays longtemps dépourvus de produits autochtones. Le genre possède désormais une solide branche italienne illustrée par le duo Fruttero et Lucentini (précédés de Leonardo Sciascia et Giorgio Scerbanenco), espagnole avec Manuel Vasquez Montalbán, hollandaise avec Janwillem Van de Wetering et suédoise avec le couple Maj Sjöwall et Per Wahlöö. Même en Allemagne, pourtant adonnée aux thrillers de piètre facture, des enquêteurs bien profilés ont vu le jour tels les protagonistes de Werner Schmitz et Jakob Arjouni. Quant aux pays traditionnellement producteurs de romans policiers, leurs auteurs ouvrent sans cesse des domaines thématiques nouveaux, problématisent les stéréotypes et affinent les modalités de représentation du genre.

Il semble que le champ du roman policier contemporain soit traversé de deux axes évolutifs majeurs. D'un côté, un grand nombre de romans n'utilisent plus la trame policière comme une matrice globalement organisatrice du texte, mais comme une passerelle guidant vers les aspects et problèmes les plus divers du monde actuel : étude sociologique d'un milieu, analyse idéologique des modes d'existence modernes, mise au jour des refoulements de la conscience historique d'une communauté, portrait psychopathologique d'une société aliénée. D'un autre côté, certains récits font ressortir de manière insistante la dimension formelle du roman policier : ils l'envisagent comme un laboratoire dont l'énorme potentiel sémantico-syntaxique promet de conduire de multiples expériences en matière de représentation romanesque.

I. — Sociogrammes

La femme du dimanche de **Carlo Fruttero** et **Franco Lucentini,** paru en 1972, traduit en français par Ph. Jacottet, porté à l'écran par A. Comencini, est une des meilleures radiographies de la société industrielle dans la deuxième moitié du XXe siècle. L'histoire, située à Turin, commence par l'indispensable assassinat : un architecte déchu a le crâne fracassé par un phallus en marbre qui ornait le bureau de sa garçonnière. Le commissaire Santamaria entre en action. Mais son enquête ne se développe que par intermittences. Dans bien des scènes, il cède la place à d'autres acteurs dont le lecteur adopte momentanément le point de vue.

Au travers de brefs portraits apparaissent ainsi différents représentants de la société turinoise qui, de près ou de loin, pourraient être concernés par le crime. Gens du peuple, artisans, fonctionnaires, intellectuels, petits et grands bourgeois sont observés en train de vivre les automatismes, obsessions et perversions caractéristiques de leur classe. La dernière catégorie, celle des puissants, a droit aux passages les plus étendus. Elle est, en effet, particulièrement pittoresque et pitoyable par le fait qu'elle croit élégant de poser le voile de l'autodérision sur ses privilèges de caste. Santamaria sait bien qu'il est toléré pour observer ce jeu, jamais pour y participer de plein droit. A l'opposé de ses collègues américains et français de la tradition noire, toujours prêts à la provocation, il avance avec une sérénité prudente dans un univers social qu'il perçoit ainsi : « La parcimonie, mais gangrenée jusqu'à la gueuserie ; la réserve, mais dégradée en louche sournoiserie ; le conformisme, mais atteint de fermentations modernistes. »

Pepe Carvalho de **Manuel Vasquez Montalbán** s'enracine lui aussi dans le contexte socio-historique particulier d'une ville type, Barcelone en l'occurrence. Ce détective privé, ancien membre du PCE et agent de la CIA à l'époque du franquisme, développe une personnalité épicurienne au moment où son pays se démocratise. Sa principale partenaire sexuelle est une prostituée de luxe, alors que ses désirs sublimés portent sur les mets et les vins raffinés. Son patrimoine livresque en revanche s'expose à ses pulsions destructrices. Il a l'habitude de chauffer son petit pavillon dans un quartier résidentiel de Barcelone au moyen de papier de livre. Plus les pages destinées à l'incinération sont de haute qualité esthétique et philosophique, plus il en éprouve de satisfaction. Le détective se défait ainsi de repères culturels qu'il juge encombrants au moment où le bouleversement des idéologies et des morales lui demande d'avoir un regard vierge de préjugés. Au lieu d'une continuité illusoire entre le passé et le présent, il veut pouvoir observer la coexistence problématique des ruines de l'ancien régime et du fragile édifice de la démocratie. De sorte que ses enquêtes majeures se déroulent toutes sur le terrain miné par le complexe historique.

Dans *La solitude du manager* (1977), il a l'occasion d'étudier d'anciens militants antifranquistes désormais embourgeoisés et englués de compromissions. Dans *Los Mars del sur* (*Marquises si vos rivages,* 1979), il descend dans la banlieue ouvrière de Barcelone pour constater que le système, avec ou sans dictateur, maintient dans la végétation une population de damnés. Enfin, dans *Meurtre au comité central* (1981), il observe les délicates manœuvres de la police d'Etat qui l'a chargé d'enquêter sur l'assassinat du secrétaire du PCE. Chacune de ses investigations permet à Carvalho de scruter une couche nouvelle de la société barcelonaise sur la base d'une connaissance profonde de la ville. Celle-ci lui semble un espace foncièrement ambivalent, à la fois coquille protectrice de son enfance, prison impitoyable de sa jeunesse, sol instable de sa vie adulte.

Parmi les radiologues de la société contemporaine, **Maj Sjöwall** et **Per Wahlöö** sont sans doute les plus systématiques. Le couple s'est fixé comme objectif de fournir une analyse minutieuse de la modernité suédoise dans une œuvre cyclique comprenant dix volumes (parus entre 1965 et 1975). Dès 1967, P. Wahlöö précise la conception de ce qui peut apparaître comme une *Comédie humaine* scandinave : « L'idée de base consiste à pratiquer dans un grand roman de trois mille pages une coupe longitudinale à travers une société de structure actuelle. La criminalité est à étudier comme une fonction de la société, sa corrélation avec l'existence matérielle et morale de celle-ci doit être mise au jour. »

Le crime ainsi spécifié ne ressemble plus guère à une opération stratégique au cours de laquelle un agresseur choisit et élimine consciencieusement sa victime. Il devient un acte arbitraire, réalisant un potentiel de violence toujours sous-jacent : meurtre sexuel (*Roseanna,* 1965 ; *L'homme au balcon,* 1967), massacre à la mitraillette dans un autobus (*Le policier qui rit,* 1968), bavure policière (*L'assassin de l'agent de police,* 1974), révolte contre l'injustice des dominants (*Les terroristes,* 1975).

L'élucidation de ces affaires nécessite, presque à chaque reprise, la mobilisation d'une machine policière complexe, depuis l'agent en uniforme jusqu'aux représentants du ministère de la Justice en passant par divers enquêteurs spécialisés, dont le commissaire Martin

Beck. Celui-ci est certes le héros du cycle, mais ne se donne à aucun moment les airs d'un super-détective. Dans sa vie privée, il supporte si mal la cellule familiale type à l'ère de la prospérité providentielle qu'il en échappe par le divorce (*Le meurtre du Savoy,* 1970). Quant à son métier, il l'exerce avec une compétence exceptionnelle, tout en observant avec amertume la dégradation de l'appareil d'Etat qu'il est censé protéger. Beck ne va cependant pas aussi loin que son collègue Lennart Kollberg qui souhaite démissionner après vingt-sept ans de loyaux services parce que sa profession lui semble devenue moralement indéfendable.

Il est certain que les auteurs portent un jugement similaire sur la police de leur pays et, par extension, sur la situation socio-idéologique qui en est responsable. Mais cette position critique affirmée ne les empêche pas de rester sensibles à toutes les nuances du monde qu'ils décrivent. Persécutants ou persécutés, pourris ou vertueux, engagés ou indifférents, chacune de leurs figures possède une identité individuelle et un profil collectif parfaitement élaborés. De sorte que la saga du commissaire Beck, basée sur le principe du *police procedural,* respire du souffle d'une grande fresque épique.

La volonté de témoigner est tout aussi forte chez **Tony Hillerman.** Mais, cette fois, l'objet d'étude ne se résume pas à la société industrielle et urbaine du XXᵉ siècle finissant. Hillerman, au contraire, porte son regard sur les Indiens survivant dans les réserves de l'Arizona et du Nouveau-Mexique. Sa peinture de la vie quotidienne, des rituels et de l'environnement géographique de tribus comme les Navajo, les Hopi et les Zuni révèle les dons d'un observateur aussi savant que passionné. Afin de susciter l'intérêt des non-spécialistes pour ce type d'informations, il les organise autour d'une intrigue policière. Dans la plupart de ses récits, ce sont les visées matérialistes de l'homme blanc qui introduisent le crime dans l'univers des réserves, imprégné d'une harmonie cosmique malgré les incompatibilités entre différentes tribus.

Dans *Là où dansent les morts* (1973), par exemple, un anthropologue n'hésite pas à truquer un champ de fouilles afin d'en extraire les preuves de sa théorie sur une culture paléo-indienne que ses collègues contestent. Quand deux adolescents indiens risquent de dévoiler la manipulation, il les tue, sous le déguisement d'un sorcier zuni. Le policier navajo Joe Leaphorn suit sa piste et finit par le repérer. Mais ce sont les Zunis qui l'éliminent, sanctionnant ainsi l'outrage fait à leur identité mythologique. La démarche de Leaphorn, bien plus qu'une enquête, semble une expérience initiatique et divinatrice dans le but de retrouver sous les signes frelatés de l'idéologie colonisatrice l'expression authentique de son pays et de son peuple.

II. — Critique idéologique

Jean-Patrick Manchette inverse la démarche des radiologues de la société. Son ambition n'est pas de fournir, outre une histoire policière, une documentation sur les modes d'existence d'une communauté humaine spécifique. Il cherche avant tout à pratiquer une écriture en prise directe sur les dérives idéologiques et comportementales d'individus foncièrement aliénés. Ses protagonistes sont en grande partie des adeptes de la violence monstrueuse et sournoisement jouissive : Henri Butron dans *L'affaire N'Gustro* (1971), Thompson dans *O dingos, ô châteaux !* (1972), le commissaire Goémond dans *L'affaire N'Gustro* d'abord, dans *Nada* (1972) ensuite.

Manchette n'inscrit pas leur destin entre les termes

du crime et de sa résolution. Il en fait les auteurs d'atrocités sans nombre dans un contexte d'enlèvements et de chasses à l'homme. Ces orgies destructrices sont narrées dans un style haletant, constamment cynique, qui pourfend les certitudes morales de la génération de 68. Dans l'univers de Manchette, l'individu, même s'il croit s'engager librement, est conditionné par le système englobant qui le pousse sur cette voie. Le terroriste Diaz, dans *Nada,* formule ainsi ce qu'il ressent comme la grande tricherie de son époque : « Le desperado est une marchandise, une valeur d'échange, un modèle de comportement comme le flic ou la sainte. »

Quant au jeune cadre dynamique Gerfaut (*Le petit bleu de la côte ouest,* 1976), mari d' « une femme-jument superbe et horrible, les yeux grands et verts, de longs cheveux noirs épais et sains, de gros seins durs et blancs, de larges épaules blanches et rondes, de grandes fesses dures et blanches, un grand ventre dur et blanc, de longues cuisses musclées », il ne s'élève plus jusqu'au niveau de l'analyse idéologique. Il se borne à survivre, fuyant d'abord, puis exécutant efficacement un groupe de tueurs que le hasard a mis à ses trousses. Après quoi il reprend son existence normale, roulant pour se détendre à 145 km/h sur le périphérique en écoutant de la musique West-Coast. Cette fin renoue avec la scène initiale, comme pour mieux montrer que le monde tourne à vide, de même que le roman qui jadis s'était cru appelé à en certifier la cohérence.

Le travail de déconstruction tous azimuts auquel se livre Manchette lui a valu une renommée importante qui parvient à son apogée au moment où paraît *La position du tireur couché* (1981). L'auteur a lui-même désigné sa production par le terme de « néo-polar », non pas pour inaugurer une école inédite du récit policier français, comme on a pu le soutenir, mais pour souligner sa position parodique par rapport aux moules classiques du genre. Et, en ce sens, il a indéniablement insufflé une nervosité nouvelle à la fiction policière de langue française.

III. — Mort et mémoire

Didier Daeninckx maîtrise complètement les procédés narratifs du roman noir. Mais, si les enquêtes qu'il construit conduisent bien à démasquer les auteurs de sordides méfaits, l'intérêt qu'elles suscitent ne réside ni dans leur intensité événementielle, ni surtout dans leur vertu réparatrice. Leur véritable force est de mettre au jour le terreau historique, socio-économique et idéologique dans lequel plongent les racines profondes d'un crime. Elles servent ainsi de fil rouge à un témoignage sur un point délicat de la conscience collective française ou encore sur les enjeux et les responsabilités du pouvoir dans la crise des banlieues et des régions désindustrialisées, en particulier celle du Nord. Les investigateurs de Daeninckx s'enfoncent avec obstination dans un épais mélange de misère, de corruption et d'injustice au point d'y perdre le moral et parfois jusqu'à leur vie.

Tel est le sort de l'inspecteur Cadin, né en 1946, mort par suicide en 1989, dans l'ultime nouvelle du recueil intitulé *Le facteur fatal* (1990), après avoir mené les recherches dans *Mort au premier tour* (1982), *Meurtres pour mémoire* (1984), *Le géant inachevé* (1984), *Le bourreau et son double* (1986). Cadin, intrigué par des crimes que ses collègues et supérieurs aimeraient lui voir classer, parvient régulièrement à faire resurgir un scandale à ressorts multiples. Dans *Meurtres pour mémoire,* par exemple, un assassinat commis en 1981 lui permet de dévoiler les manigances d'un haut fonctionnaire, ancien organisateur de déportations de juifs en 1942, puis responsable d'un massacre de manifestants algériens en 1961. Daeninckx commente ainsi la conception du roman : « J'ai voulu [...] à partir de trois époques, 1942-1961-1981, construire un jeu de miroirs. Certaines personnalités ont bâti leur fortune ou assis leur statut dans des périodes troubles. Et c'est à partir d'un personnage ayant appartenu à ces trois époques que j'ai bâti ma fiction. »

La recherche du pouvoir ou d'une renommée à n'importe quel prix réapparaît comme un motif central en dehors du cycle Cadin, par exemple dans *Le der des ders* (1984), *Playback* (1984, rebaptisé *Tragic City Blues*) et *La mort n'oublie personne* (1989).

Dans les deux derniers titres, la fonction de détection n'est plus assumée par les figures classiques du policier ou du privé mais par de jeunes intellectuels marginaux : le « nègre » d'un écrivain et un historien. Daeninckx parvient de cette façon à mieux imbriquer encore sa démarche narrative avec ses préoccupations idéologiques : il renonce à un certain formalisme contraignant du roman noir mais en revitalise le potentiel sociocritique tout en développant une écriture de haute qualité littéraire.

Fondé sur les mêmes axes historiques que *Meurtres pour mémoire, La mort n'oublie personne* illustre de manière convaincante la nouvelle démarche. Ce roman commence par une scène où l'historien Marc Blingel invite l'ouvrier retraité Jean Ricouart à lui raconter son expérience de résistant. Au fil de plusieurs entrevues, complétées par des investigations, Blingel finit par comprendre le destin de son interlocuteur. Celui-ci, torturé et déporté par les Allemands, est à peine revenu dans son pays qu'il se fait arrêter de nouveau. Il est accusé de complicité de meurtre au cours d'une opération de la Résistance. L'avocat général Quinoux, qui officiait déjà sous l'occupant et qui est désormais engagé en première ligne dans la lutte antisyndicale, réussit à le faire condamner à sept ans de prison. Le calvaire de Ricouart n'est pourtant pas terminé. En 1963, son fils Lucien, traité d'« enfant d'assassin » par ses condisciples, se suicide. Quand Ricouart, grâce aux révélations de Blingel, comprend à quel tarif il a dû payer son action de résistant et de militant ouvrier, il procède à une ultime vengeance et exécute Quinoux.

L'astuce du texte consiste à allier subtilement l'échange communicatif entre deux interlocuteurs, la confession-chronique et une enquête qui s'appuie sur les données ainsi mises au jour. Une telle technique permet non seulement d'éviter la glorification à propos d'un sujet comme la Résistance ; elle montre surtout que les événements les plus conséquemment refoulés de l'Histoire récente continuent à interagir fortement et à conditionner l'actualité. C'est ici la problématique majeure qu'entend analyser Daeninckx, car, dit-il, « en oubliant le passé, on se condamne à le revivre ».

Robin Cook (à ne pas confondre avec son homonyme spécialiste du crime en milieu médical) écrit en anglais, mais appartient thématiquement et stylistiquement au groupe des rénovateurs du roman policier français. Son œuvre, par de nombreux aspects, se rapproche de celle de Daeninckx. Cook, en effet, traite lui aussi le crime comme le symptôme majeur d'une société rendue invivable par une politique au service des requins. Tous ses protagonistes, et en particulier ses enquêteurs, sont condamnés à sombrer dans le désespoir, minés par des conditions d'existence féroces dans un Etat déliquescent et débile, en l'occurrence l'Angleterre thatchérienne. « Mes livres, écrit-il, sont remplis de gens qui, sachant qu'ils ont été abandonnés par la société, la quittent d'une façon si honteuse pour elle, qu'elle ne fait jamais mention d'eux. »

Cette misère des destins gaspillés, le témoignage du romancier la rétablit au moyen d'une technique narrative et d'un style finement élaborés. Ainsi dans *On ne meurt que deux fois* (*He died with his eyes open,* 1983). L'enquête sur un cadavre gisant sur un trottoir de Londres conduit l'inspecteur vers un couple d'assassins pervers qui lui font subir le même sort qu'à leur première victime. Le récit entrelace magistralement les fils d'une double descente aux enfers : le personnage retrouvé mort au début expose sa déchéance à travers les pages d'un journal et des enregistrements sur cassettophone, alors que le policier, en écoutant cette confession, se met à glisser sur la même pente fatale.

IV. — Le cliché et sa subversion

Certains récits policiers se retournent sur leurs procédés de composition. Les personnages, situations et ambiances qu'ils manient semblent sortir d'un riche fonds de stéréotypes accumulés au cours d'une longue tradition. Ils ne proposent donc pas un regard critique sur le monde contemporain à travers un modèle de référence inédit. Ils en expriment plutôt le blocage par un jeu permanent de citations et de mises en abîme, une sorte de promenade dans le musée aussi vaste que labyrinthique du genre.

Alain Demouzon a illustré cette formule dans un petit chef-d'œuvre intitulé *Mouche* (1976). Sa technique consiste à jeter les bases structurelles et thématiques du roman policier pour les subvertir ensuite de manière multiple et répétée. Ainsi, une enquête bien banale semble commencer quand le détective Robert

Flécheux part à la recherche d'une jeune femme surnommée *Mouche,* disparue après un passage dans les milieux parisiens du cinéma. L'investigateur s'empêtre pourtant dans une affaire de plus en plus complexe, ses principaux informateurs se faisant éliminer l'un après l'autre. Au bout de nombreuses péripéties, il comprend qu'il n'a fait que suivre une piste préparée à son intention par une vieille femme : la grand-mère de Mouche l'a aiguillé vers l'enfant qu'il a jadis abandonné. Quand le détective se trouve enfin face à sa fille, celle-ci, le prenant pour un agresseur, l'abat de plusieurs coups de revolver. L'enquête, doublée d'une quête œdipienne à pôles inversés — le père cherche la fille —, se termine par la résolution de toutes les énigmes et la liquidation de (presque) tous les acteurs. Les criminels, le détective, sa fille, chacun « fait mouche » à sa façon.

Les effets de miroir, comme celui du titre annonçant la coïncidence finale, impriment au roman une forme circulaire. Au fil des pages, le lecteur éprouve un sentiment de déjà vu, il s'amuse à reconnaître des rappels de scènes préalables, voire des allusions à la mythologie du genre policier. De sorte qu'il se demande, en même temps que le protagoniste, s'il évolue dans le monde réel ou dans un univers de la simulation. Quand Flécheux bute contre le cadavre défiguré d'une actrice connue, on apprend avec soulagement qu'il s'agit d'un mannequin apprêté pour un film d'horreur. Le responsable des effets spéciaux explique ainsi le sort de la victime : « C'est la grande scène de la fin. La courageuse postière est jetée dans la machine à déchiqueter juste au moment où la brigade anticommandos réussit à pénétrer victorieusement dans le centre de tri postal. » Et de continuer : « Fini le temps où les habitués des salles obscures réclamaient le *happy end.* Maintenant ils siffleraient si le film se terminait bien. »

Quelques dizaines de pages plus loin, le détective retire d'un cabinet de toilette le corps d'une jeune starlette au crâne atrocement défoncé. Pendant un bref moment, le récit bascule dans le registre de l'épouvante, avant de bifurquer de nouveau vers d'autres modèles tels le suspense, l'énigme, le noir. Demouzon double ces variations formelles d'une recherche stylistique que seule une bonne connaissance du patrimoine littéraire français rend possible. Son texte polyphonique illustre puissamment les aventures de l'écriture romanesque au XXe siècle finissant.

Que l'histoire du roman policier soit aujourd'hui un fardeau plutôt lourd à porter, tel semble aussi l'avis de **Bill Pronzini.** C'est la raison pour laquelle cet auteur choisit de narrer les enquêtes d'un privé qui ne porte pas de nom. Habitant de San Francisco, ancien membre de la police, âgé d'une cinquantaine d'années, propriétaire d'un stock impressionnant de *pulps,* il peut être imaginé d'après le portrait de n'importe lequel de ses homologues plus ou moins illustres. Aussi ses aventures apparaissent-elles comme des décalques de scènes similairement vécues par l'un ou l'autre de ses prédécesseurs. Il lui suffit, par exemple, de travailler dans le secteur des lacs de montagne (*Jackpot,* 1990) et de collaborer loyalement avec un Indien pour faire penser le lecteur à Chandler (en particulier *La dame du lac*) et à Hillerman. Pronzini, et c'est là son habileté, ne dissimule à aucun moment les liens multiples qui rattachent son héros à la tradition du genre policier. Il les exhibe, au contraire, pour mieux signaler le statut problématique du détective privé dans un roman qui ne veut plus fonctionner d'après certaines recettes trop éprouvées du roman noir. En témoignent les réflexions désabusées de l'enquêteur face à un patron de la mafia : « Que pouvais-je faire contre un homme comme Welker, avec toute sa puissance et tous "ses employés" ? M'attaquer à lui comme Mike Hammer dans *La vengeance et la loi* ? [...] On ne combat pas les Arthur Welker de ce bas monde avec une juste colère, un pistolet et une prière. »

V. — Violence hallucinante

La cruauté apparaît depuis longtemps comme l'apanage de certains spécialistes. J. H. Chase en est le doyen, M. Spillane le fils perdu, J. Thompson l'enfant prodige. Dans les années 1980, une nouvelle génération reprend le flambeau afin d'exprimer son attirance extatique pour la criminalité pathologique. Dès lors, les pervers de toute espèce, sadiques, masochistes, anthropophages, pédophiles, déferlent sur le roman policier, au point de dominer passagèrement le genre aux Etats-Unis.

Malgré la faveur médiatique dont a pu bénéficier par exemple *Le silence des agneaux* de Thomas Harris (1991), le représentant le plus accompli de cette littérature s'appelle **James Ellroy.** Cet écrivain évite dans une large mesure les réductionnismes psychologiques et moraux de la plupart de ses confrères. Sa trilogie (*Lune sanglante,* 1984 ; *A cause de la nuit,* 1984 ; *La colline aux suicidés,* 1986) et son quatuor de Los Angeles (*Le dahlia noir,* 1987 ; *Le grand nulle part,* 1989 ; *L. A. Confidential,* 1990 ; *White Jazz,* 1991) constituent la majeure partie d'une œuvre conséquemment développée autour de noyaux thématiques stables.

Dans le monde d'Ellroy, aucun des rôles types du roman policier ne peut être incarné par un individu moyen. Tous se placent sous le signe de l'excès. Les victimes, souvent des marginaux à la dérive, comme Elisabeth Short dans *Le dahlia noir,* semblent fatalement destinées à finir leur dégringolade dans un supplice apocalyptique. Quant aux bourreaux, monstrueux, ils ne brisent momentanément leur réclusion que pour se repaître de la désespérance absolue de leur prochain. La police, elle, se compose en grande partie de brutes capables de toutes les compromissions et de carriéristes sans scrupules : elle est atteinte de la même gangrène que l'immense agglomération de Los Angeles qu'elle a pour tâche de contrôler.

Reste l'enquêteur principal, lui-même membre de la police dans la plupart des cas. Il est à son tour une personnalité scindée, sensible et grossier, orgueilleux et dépressif, attiré et révulsé par la violence, s'engageant à fond pour sauver la mémoire d'une victime bafouée tout en piétinant la morale officielle de sa corporation. Comme Bucky Bleichert qui fait de l'affaire du Dahlia l'enjeu d'une quête spirituelle. Betty Short, la femme coupée en deux morceaux par un maniaque du scalpel, devient son idée fixe parce qu'elle a dû expier dans la souffrance solitaire les convulsions schizophréniques de la grande ville pourrie. Et c'est ainsi, au cours d'une série d'épreuves, que Bleichert parvient non seulement à venger l'âme du Dahlia mais aussi à se délivrer lui-même des démons qui le hantent.

Malgré le grand soin avec lequel Ellroy maintient une matière très riche entre les termes du problème et de sa résolution, la qualité de son œuvre ne se fonde pas sur cette maîtrise technique. L'écrivain cherche avant tout à narrer le mystère d'une aventure purificatrice dans un monde malade de sa violence congénitale. Le style est à la mesure de l'intensité de ces récits initiatiques. Elliptique dès les premières œuvres, il devient un stacatto de fragments désarticulés dans le dernier roman *White Jazz*.

L'enquête policière s'assimile donc chez Ellroy à un des nombreux cercles de l'enfer que le héros doit traverser pour retrouver son âme perdue. Il est vrai que dans un tout autre registre le succès du *Nom de la rose* d'U. Eco tient également à une mythologie de l'initiation. Peut-être que le récit policier rend ainsi explicite la vocation profonde du texte narratif qu'il portait en lui depuis sa naissance.

ANNEXE

S. S. Van Dine

Les vingt règles du roman policier

1) Le lecteur et le détective doivent avoir des chances égales de résoudre le problème.

2) L'auteur n'a pas le droit d'employer vis-à-vis du lecteur des trucs et des ruses autres que ceux que le coupable emploie lui-même vis-à-vis du détective.

3) Le véritable roman policier doit être exempt de toute intrigue amoureuse. Y introduire de l'amour serait, en effet, déranger le mécanisme du problème purement intellectuel.

4) Le coupable ne doit jamais être découvert sous les traits du détective lui-même ou d'un membre de la police. Ce serait de la tricherie aussi vulgaire que d'offrir un sou neuf contre un louis d'or.

5) Le coupable doit être déterminé par une série de déductions et non pas par accident, par hasard, ou par confession spontanée.

6) Dans tout roman policier, il faut, par définition, un policier. Or ce policier doit faire son travail et il doit le faire bien. Sa tâche consiste à réunir les indices qui nous mèneront à l'individu qui a fait le mauvais coup dans le premier chapitre. Si le détective n'arrive pas à une conclusion satisfaisante par l'analyse des indices qu'il a réunis, il n'a pas résolu la question.

7) Un roman policier sans cadavre, cela n'existe pas. J'ajouterai même que plus ce cadavre est mort, mieux cela vaut. Faire lire trois cents pages sans même offrir un meurtre serait se montrer trop exigeant à l'égard d'un lecteur de romans policiers. Après tout, la dépense d'énergie du lecteur doit se trouver récompensée. Nous autres, Américains, nous sommes essentiellement humains et un joli meurtre fait surgir en nous le sentiment de l'horreur et le désir de la vengeance.

8) Le problème policier doit être résolu à l'aide de moyens strictement réalistes.

9) Il ne doit y avoir, dans un roman policier digne de ce nom, qu'un seul véritable détective. Réunir les talents de trois ou quatre policiers pour la chasse au bandit serait non seulement disperser l'intérêt et troubler la clarté du raisonnement, mais encore prendre un avantage déloyal sur le lecteur.

10) Le coupable doit toujours être une personne qui ait joué un rôle plus ou moins important dans l'histoire, c'est-à-dire que le lecteur connaisse et qui l'intéresse. Charger du crime, au dernier chapitre, un personnage qu'il vient d'introduire ou qui a joué dans l'intrigue un rôle tout à fait insuffisant serait, de la part de l'auteur, avouer son incapacité de se mesurer avec le lecteur.

11) L'auteur ne doit jamais choisir le criminel parmi le personnel domestique tel que valet, laquais, croupier, cuisinier ou autres. Il y a à cela une objection de principe car c'est une solution trop facile. Le coupable doit être quelqu'un qui en vaille la peine.

12) Il ne doit y avoir qu'un seul coupable, sans égard au nombre des assassinats commis. Toute l'indignation du lecteur doit pouvoir se concentrer sur une seule âme noire.

13) Les sociétés secrètes, les maffias, n'ont pas de place dans le roman policier. L'auteur qui y touche tombe dans le domaine du roman d'aventures ou du roman d'espionnage.

14) La manière dont est commis le crime et les moyens qui doivent amener à la découverte du coupable doivent être rationnels et scientifiques. La pseudo-science, avec ses appareils purement imaginaires, n'a pas de place dans le vrai roman policier.

15) Le fin mot de l'énigme doit être apparent tout au long du roman, à condition, bien entendu, que le lecteur soit assez perspicace pour le saisir. Je veux dire par là que si le lecteur relisait le livre, une fois le mystère dévoilé, il verrait que, dans un sens, la solution sautait aux yeux dès le début, que tous les indices permettaient de conclure à l'identité du coupable et que, s'il avait été aussi fin que le détective lui-même, il aurait pu percer le secret sans lire jusqu'au dernier chapitre. Il va sans dire que cela arrive effectivement très souvent et je vais jusqu'à affirmer qu'il est impossible de garder secrète jusqu'au bout et devant tous les lecteurs la solution d'un roman policier bien et loyalement construit. Il y aura donc toujours un certain nombre de lecteurs qui se montreront tout aussi sagaces que l'écrivain. C'est là, précisément, que réside la valeur du jeu.

16) Il ne doit pas y avoir, dans le roman policier, de longs passages descriptifs, pas plus que d'analyses subtiles ou de préoccu-

pations « atmosphériques ». De telles matières ne peuvent qu'encombrer lorsqu'il s'agit d'exposer clairement un crime et de chercher le coupable. Elles retardent l'action et dispersent l'attention, détournant le lecteur du but principal qui consiste à poser un problème, à l'analyser et à lui trouver une solution satisfaisante. Bien entendu, il est certaines descriptions que l'on ne saurait éliminer et il est indispensable de camper, ne fût-ce que sommairement, les personnages, afin d'obtenir la vraisemblance du récit. Je pense, cependant, que, lorsque l'auteur est parvenu à donner l'impression du réel et à capter l'intérêt et la sympathie du lecteur aussi bien pour les personnages que pour le problème, il a fait suffisamment de concessions à la technique purement littéraire. Davantage ne serait ni légitime ni compatible avec les besoins de la cause. Le roman policier est un genre très défini. Le lecteur n'y cherche ni des falbalas littéraires, ni des virtuosités de style, ni des analyses trop approfondies, mais un certain stimulant de l'esprit ou une sorte d'activité intellectuelle comme il en trouve en assistant à un match de football ou en se penchant sur des mots croisés.

17) L'écrivain doit s'abstenir de choisir le coupable parmi les professionnels du crime. Les méfaits des cambrioleurs et des bandits relèvent du domaine de la police et non pas de celui des auteurs et des plus ou moins brillants détectives amateurs. De tels forfaits composent la grisaille routinière des commissariats, tandis qu'un crime commis par un pilier d'église ou par une vieille femme connue pour sa grande charité est réellement fascinant.

18) Ce qui a été présenté comme un crime ne peut pas, à la fin du roman, se révéler comme un accident ou un suicide. Imaginer une enquête longue et compliquée pour la terminer par une semblable déconvenue serait jouer au lecteur un tour impardonnable.

19) Le motif du crime doit toujours être strictement personnel. Les complots internationaux et les sombres machinations de la grande politique doivent être laissés au roman d'espionnage. Au contraire, le roman policier doit être conduit d'une manière pour ainsi dire « gemuetlich ». Il doit refléter les expériences et les préoccupations quotidiennes du lecteur, tout en offrant un certain exutoire à ses aspirations ou à ses émotions refoulées.

20) Finalement, et aussi pour faire un compte rond de paragraphes à ce credo, je voudrais énumérer ci-dessous quelques trucs auxquels n'aura recours aucun auteur qui se respecte. Ce sont des trucs que l'on a trop souvent vus et qui sont depuis longtemps familiers à tous les vrais amateurs du crime dans la littérature. L'auteur qui les emploierait ferait l'aveu de son incapacité et de son manque d'originalité.

a) La découverte de l'identité du coupable en comparant un bout de cigarette trouvé à l'endroit du crime à celles que fume un suspect ;

b) La séance spirite truquée au cours de laquelle le criminel, pris de terreur, se dénonce ;

c) Les fausses empreintes digitales ;

d) L'alibi constitué au moyen d'un mannequin ;

e) Le chien qui n'aboie pas, révélant ainsi que l'intrus est un familier de l'endroit ;

f) Le coupable frère jumeau du suspect ou un parent lui ressemblant à s'y méprendre ;

g) La seringue hypodermique et le sérum de la vérité ;

h) Le meurtre commis dans une pièce fermée en présence des représentants de la police ;

i) L'emploi des associations de mots pour découvrir le coupable ;

j) Le déchiffrement d'un cryptogramme par le détective ou la découverte d'un code chiffré.

(Article paru dans *American Magazine,* vol. 106, 3 septembre 1928. Version française dans *Mystère-Magazine,* n° 38, mars 1951.)

INSTRUMENTS DE TRAVAIL

OUVRAGES SUR LE ROMAN POLICIER

S. Benvenuti, G. Rizzoni, M. Lebrun, *Le roman criminel,* Ed. de l'Atalante, 1982.
P. Boileau et Th. Narcejac, *Le roman policier,* Payot, 1964.
R. Deleuse, *Les maîtres du roman policier,* Bordas, « Les Compacts », 1991.
J. Dubois, *Le roman policier ou la modernité,* Nathan, 1992.
U. Eisenzweig, *Le récit impossible,* Christian Bourgois, 1986.
F. Lacassin, *Mythologie du roman policier,* UGE, « 10/18 », 1974, 2 vol.
D. F. Recatala, *Le polar,* MA Editions, « Le Monde de », 1986.
Y. Reuter (sous la dir. de), *Le roman policier et ses personnages,* PU de Vincennes, 1989.
J.-P. Schweighaeuser, *Le roman noir français,* PUF, « Que sais-je ? ».
J. Schmidt, *Gangster, Opfer, Detektive,* Ullstein Sachbuch, 1989.

BIBLIOGRAPHIE

N. Spehner et Y. Allard, *Ecrits sur le roman policier,* Le Préambule, 1990.

REVUES

The Armchair Detective, Hard Boiled Dicks, Enigmatika, 813, Polar (ancienne et nouvelle formule), *Les Amis du crime, Encrage.*
Les références complètes se trouvent dans R. Deleuse, mentionné ci-dessus.

CENTRE DE DOCUMENTATION

BILIPO (Bibliothèque des littératures policières), 74-76, rue Mouffetard, 75005 Paris.

TABLE DES MATIÈRES

Imprimé en France
Imprimerie des Presses Universitaires de France
73, avenue Ronsard, 41100 Vendôme
Novembre 1993 — N° 39 716